Great American

ROUTE 66
Road Trip
PUZZLE BOOK

USA GRAB A PENCIL PRESS

Applewood Books
an imprint of Arcadia Publishing

ISBN: 978-1-945187-67-4

The word search puzzles in this book were created with
TheTeachersCorner.net Word Search Maker. The Teacher's Corner,
in Castle Rock, Colorado, began in 1996 to provide free teaching
resources on the internet for teachers and parents. It was originally
created, and is still run today, by Jennifer and Chad Jensen.

The crossword puzzles in this book were created
with CrosswordHobbyist.com Puzzle Maker.
Riddles are courtesy of Riddles.com.

Published by
GRAB A PENCIL PRESS
Applewood Books
an imprint of Arcadia Publishing

Manufactured in the United States of America

★ CONTENTS ★

★ HOW TO USE THIS BOOK ★

The puzzles in this book were designed to enhance a real road trip or help armchair travelers hit the virtual Route 66.

The order of the puzzles follows Route 66 from Chicago, Illinois to Santa Monica, California. If you'd like to start in California just start at the end of the book and work your way to the front. Start wherever you like and join the millions of people travleing each year on the Mother Road. As a bonus, we've included other interesting general travel-related puzzles to entertain you between the stops.

Whether you are in your car or on your couch, you are sure to discover unique, curious, and inspiring places through the puzzles in this book.

We had a fun time dreaming this up.
Hope you get your kicks!

Historic Route 66
"Begin" Sign

```
P V M C W D O Q H Z I I L I D
E U K L B I U X P P K O Z T N
V A P K E R L T A O U B D S E
A H Y O Z J V L A M Z R K S R
N K A S O X L Y I F S U Z M O
A R Q U W L F T A S L Z S A T
G O Z V B U C C O U T G U D R
I O W U V H E K F G Z O R A A
H K I Z E S R H L T A D W S T
C E M L E Z T T K Y V C Q E S
I R L A R Z G O T E B C I N R
M Y S V B E R G H O F F E H F
R T B U P S R E L L I M S K C
B Q T B C I M N H G M N Y T S
W C N G O D A O R R E H T O M
```

ADAMS ST.	BERGHOFF	CHICAGO
FACES EAST	LOOP	LOU MITCHELL
MICHIGAN AVE	MILLER'S PUB	MOTHER ROAD
ROOKERY	START OR END	WILLIS TOWER

Across

4 Site showcasing archaeological finds from a prehistoric civilization

5 One of the first native tribes to settle in present-day Illinois

6 A political showdown between Abraham Lincoln and Stephen Douglas in 1858

9 The first African American mayor of Chicago

12 The Thirteenth Amendment accomplished this

Down

1 The first name of Chicago's professional baseball team, founded in 1870

2 A battle site of the War of 1812

3 A fire-breathing fairy-tale attraction

7 The capital of Illinois and home to Abraham Lincoln

8 Historic burial and memorial site for Abraham and Mary Todd Lincoln

10 Chicago's professional basketball team, founded in 1966

11 President Ronald Reagan's childhood home

Illinois Brick Road

```
K K P C A L P O J I Y S X R M
B V K O T F S E Z K F E D E B
C L M N R A H N N U Y I E D F
M M J E P O F X E Q A T T B A
E Y R P H Y U I M L J R E R X
D R N O F F C T D V L I R I W
I V G I F Z P N E D Y H C C W
S H X N V N A X E F M T N K T
O H N T I H O B A B O E O O X
N W S F R V D S V T O U C V M
M E S O N A A F N B H Z R S A
C V D U O I U P I E C Q E Y Z
L H T R K K R V S S H X V R E
D M A U B U R N T R T V O A Y
M P O Z B C H K U E L T R U R
```

AUBURN	EDISON	HAND-LAID
HENSON	ONE POINT FOUR	OVER CONCRETE
PAVING	RED BRICK	ROADBED
ROUTE FOUR	SNELL	THIRTIES

Dixie Truckers Home

```
P N Q L U N C H C O U N T E R
M U E S U M D L O G H S W O V
R I E E L P P V C O I Q A O N
D G J G N A N K Y P R D N T Q
I E N A S H O R T O R D E R S
N S R R I K X P E A M D K R S
A K E A X Q P C N H Y G E P P
X E D G S L K G S Z T T J X X
T D P L T U E B W E L U H C S
D T G T O R E K N A J F O J W
V Q F H O E M J W R I I C S G
N N Z M L H X S L U N C H A H
F I R E S C C Y Y I Y Z E W R
D S R Q C H I G C U A F L N B
W J O L N P R O H N F G Z P W
```

BEELER	FIRE	GARAGE
GESKE	LUNCH	LUNCH COUNTER
OLD MUSEUM	ROAD RANGER	SHORT ORDER
SIX STOOLS	SOUTHERN	WALTERS

Old Joliet Prison

```
D S U T V H Y V M H O O A L H
R O R B W B E E C I X X M I Q
W P R E O G A P P V R I D A G
H G S O H B D B A A P U V Y G
N U E L T T D G Y T C L T H L
X F T Z L H O Y X F I S L V R
U B A W H E E R L J A T E A G
W X M W M P C A B A A C I B E
D Z N F M B D F D S N N E S G
D R I O T I N G Q I E L T U R
B E O L M O V L G Q X U H Y U
B Z U K U I C S Y H K M L T E
Q S L U Z Q E V U F C G P B T
J O L I E T A B Q N L G E K F
H Y R A I T N E T I N E P Y X
```

BABY FACE	BLUES BROTHERS	BOB DYLAN
CELLS	DOROTHEA DIX	ESCAPE
HEPATITIS	INMATES	JOLIET
LOEB	PENITENTIARY	RIOTING

Joliet Area Historical Museum

```
N X G L A M R O N A R A P X T
A Z T F S A C B N R O T P Y F
I X E B L N W Y E U N L Y R C
N K E G P G Q E S S A C E B M
E H R K B O H X A N S H N A V
V A T F T A E O I D C F W N G
O Q S L C L D N S A S I S D A
L H A V U M S V B T L Y I T W
S I W P T E D N L L S J D I U
R J A E K W E O C C V A F E F
V R T J Q R B O H P F V E U O
H P T P H U U U R M X W T E E
T N O E O N R B Z F O F Q D Q
W D F H T C D R J G E P I X U
D C M Y H D H K B C D S M X V
```

BAND	CASS	CHURCH
FEHRENBACHER	GHOSTS	HOUBOLT
OTTAWA STREET	PARANORMAL	PLANINSEK
RIALTO	SLOVENIAN	WILL COUNTY

Midewin National Tallgrass Prairie

```
Y Y E E S N O P U A W S Z P P
X Q P R U S C X D B V R W O W
J S A N I S H I N A A B E T I
O A R O G A L E P I H C R A L
N R A E I E W I K A Y I F W D
S R L T W A E I R I A R P A E
H N N L O Z T D N D V M T R
I A O C S Y L L H N K T I O N
R P S I A W O F A W W W Y M E
I A I X T P T L D Z M Y H I S
A T B S O I S U W L W S R E S
U X T E F S N O L M I P O J X
B L L Z A E F U G O W W S Y V
Q U Z R X N X T M I B R W M F
Y Q G R D L T A L L G R A S S
```

ANISHINAABE	ARCHIPELAGO	BISON
GRASSLAND	LEOPOLD	MUNITIONS
POTAWATOMI	PRAIRIE	TALLGRASS
WAUPONSEE	WILDERNESS	WILDFLOWERS

Gemini Giant

```
H F E N J N U E Z X W A M D O
J U W B A F I B E R G L A S S
Y G U B N M O X T R O C K E T
H T U O N I R E Z N G V P M J
W C J M S N C E M T S Q G D C
I P D A R I D E L I G H T N Q
L F K K I N G T Z F V X J U C
M C O X Y A Y A E C F P Z F P
I H R W T M G S L O Z U U O U
N P E P R E K R A B K S M G O
G W L L E C Z I I N I M E G U
T S C I D A P H C N U A L H E
O Z F C I P N Z B Z I M S A D
N V P P V S U M B L T W O S Q
S M G I S N K R C E J P V B Y
```

BARKER	GEMINI	LAUNCHPAD
SPACEMAN	DARI-DELIGHT	KORELC
MUFFLER MAN	SZCZECIN	FIBERGLASS
GOFUNDME	ROCKET	WILMINGTON

Polk-a-Dot Drive In

```
W C K H J I D O O W D I A R B
M A E N V U R N A V X J X J W
Y K C A J J K K C A Y Y F N Y
K G H E N K R E D Y U B C J A
E Z D D Z V Q H B L H S E U P
E M C S R S U B L O O H C S Q
V C C E B E Q C N P X T A P B
E Q O M L I R D S J S O M Y R
R C M A L T J X D S A O T Y S
S J I J L F B B I J Y B X A A
V E H C T I I V J I D C P X E
I F U B X F L W G G Y M Q H E
L K I L H E K V R K H W Q B B
L Q E F Z N A M R E P U S F B
E O M R E K A H S K L I M J A
```

BOOTHS	BRAIDWOOD	COAL
ELVIS	FIFE	FIFTIES
JAMES DEAN	JUKEBOX	KEEVERSVILLE
MILKSHAKE	SCHOOL BUS	SUPERMAN

Female Actors in a Leading Role

Match the star to her Route 66 film.

1.___Jamie Lee Curtis

2.___Diane Ladd

3.___Toni Collette

4.___Susan Sarandon

5.___Geena Davis

6.___Marianne Sägebrecht

7.___Bonnie Hunt

8.___Jane Darwell

9.___Karen Allen

10.__Juliette Lewis

A. Thelma & Louise

B. Little Miss Sunshine

C. Natural Born Killers

D. Cars

E. Grandview, U.S.A.

F. Starman

G. Grapes of Wrath

H. Bagdad Cafe

I. Route 66

Standard Oil of Illinois Gas Station

```
O V L L E N N O D O G F Z L H
K F N B N D K O T F D B G O S
Q G P H Y S G G E G O H A H F
O W M B J P T S U I A R S D W
J N B J F Y A B E C I V R E S
X O U G H Y Q S N F T Z F G E
H T P X S C L O S E I Z W K R
F T U N N E L Y V V Y L R A I I
X U G S W Z P D G Y K K C Y T
V B H E R O C K E F E L L E R
G O I K N G H J A T N L L T E
J F Y A F U X S O R E T T A L
U N C R A U V C I D Z W E X L
G I R D W O J O O B P Y V O I
B Q V R H S H A Z Z U C U H M
```

BYPASS	CANOPY	CLOSE
DRAKE	GAS	INFO BUTTON
MILLER TIRES	ODELL	O'DONNELL
ROCKEFELLER	SERVICE BAY	TUNNEL

Ambler's Texaco Gas Station

```
P  Z  R  M  B  M  G  W  D  L  N  D  V  P  E
O  P  V  P  S  R  N  M  I  Z  E  I  O  F  G
X  D  M  T  J  T  J  E  J  V  B  R  P  Z  I
J  A  O  A  H  L  D  R  Y  T  T  E  G  Z  H
U  V  V  G  T  T  D  H  E  E  S  S  L  A  U
E  Z  I  K  K  S  K  K  C  K  D  P  F  R  P
R  W  N  E  B  W  D  O  C  I  C  H  J  H  I
D  O  X  V  S  D  C  I  Z  K  S  E  T  S  K
W  D  N  Z  H  H  T  K  A  I  M  R  B  R  F
U  T  U  Z  E  S  Y  H  O  L  V  T  Y  J  A
J  I  K  R  D  M  P  C  U  Y  P  O  I  B  L
P  X  E  R  O  W  A  Z  R  K  M  Y  D  X  L
O  F  A  T  D  X  O  I  C  E  H  O  U  S  E
F  Y  K  R  E  L  B  M  A  L  U  G  A  Z  G
Z  B  T  T  U  M  A  R  A  T  H  O  N  V  X
```

AMBLER	BECKER	DWIGHT
GETTY	ICEHOUSE	LIEDTKE
MARATHON	PLAID STAMP	PORTE-COCHÈRE
STOVE	TEXACO	YARDSTICKS

Old Log Cabin

```
L X P Q Y N R E A G A N N G U
W B C E L F B J N Z M E L T S
U H S H O M E C O O K E D R S
U O P T E H R B V V H G B X S
W T K J O E V A D C Z B V M Z
V T C E P V S S P I R I T S L
O R Z C V O D E Q V Y O C O K
J A Q O A F N K B H H I G S D
F I P T A B N T N U T C G K R
B N V A H G I U I S R I F F W
B O G Y T E V N U A R G M Q Z
H R M D J I F R F U C A E P T
P S Z P O C O T K N E X N R Q
L O O H C S D L O N S E I D H
P M Y M D C T V L J U O P P L
```

CABIN	CHEESEBURGER	HOME-COOKED
LOGCRAFT	MELTS	OLD SCHOOL
PATIO	PONTIAC	REAGAN
RUSTIC	SPIRITS	TRAINOR

Lexington's Route 66 Memory Lane

```
Q M A S A A L Q V Y N D W F E
V X O U N T E L I M E N O A K
P W N S B L P L G C B J L F G
G L E P K S L B S C I B M Y B
Z V H M J E O P B I L A I S T
E Z C N W R L D G W L N H N Z
N M S X G X V T O L B N T G T
S H A E Z E N H U N O U L I D
O M P D D A S H G A A A Y S U
U B Z A H R A F Q D R L G E J
A O R P A H H E N R D D L V T
L A E C B S N A K E S A N A S
P L E S C Y W O H K J F W H W
E I Z L A O K I I G C D N S Q
V P N P T J N R E U N I O N P
```

ANNUAL	BILLBOARDS	CAR SHOW
CHENOA	ELEPHANT	MAXWELL
ONE MILE	PARADE	PAYNE
REUNION	SHAVE SIGNS	TOWANDA

Road Trip Hangman

With a partner checking the answer key, try to guess the correct word for each Hangman Puzzle within 10 attempts. Guessing one letter at a time, fill out a section of the hangman for each incorrect guess, and write the letter on the line (in the right spot) for each correct guess.

1.

_ _ _ _ _ _ _ _ _ _ _

INCORRECT LETTERS:

2.

_ _ _ _   _ _ _ _

INCORRECT LETTERS:

3.

_ _ _ _ _ _ _ _ _ _ _

INCORRECT LETTERS:

4.

_ _ _ _ _   _ _ _ _

INCORRECT LETTERS:

Funks Grove Pure Maple Sirup Farm

```
F  C  K  J  K  A  S  O  W  S  J  O  N  G  P
I  S  S  L  V  L  M  W  Y  O  G  L  N  K  N
J  L  C  M  A  A  G  R  E  P  K  S  W  E  U
A  I  A  K  O  R  U  N  W  E  E  S  H  Y  W
Y  P  R  E  I  P  E  Y  I  M  T  P  I  H  B
R  J  P  O  I  S  R  N  L  L  E  N  A  S  S
D  X  L  N  Q  T  A  O  E  T  L  R  E  D  B
L  V  G  Z  C  U  H  A  S  G  V  E  A  S  U
W  A  I  V  W  L  O  X  C  E  E  T  P  F  S
Z  Z  I  K  E  H  B  I  S  F  U  H  P  S  K
S  L  C  Z  W  A  S  T  S  B  U  F  T  A  I
Y  M  A  W  M  F  T  U  I  Q  K  N  E  V  G
Y  H  B  I  E  J  F  N  A  D  T  S  K  I  S
Z  D  P  C  W  G  G  Q  D  I  P  C  N  T  I
B  D  E  L  P  A  M  H  I  I  B  V  B  J  A
```

HARVEST	HAZEL HOLMES	IROQUOIS
ISAAC FUNK	MAPLE	SPELLING
STEPHEN	SWEETNESS	SYRUPING
THE GENERAL	TUBING	WOKSIS

Soulsby Service Station

```
W E V W B E N W M N E C C K Y
V B O M A C O U P I N S E B J
N Q F S C W R F Y O D S S J Y
B J U L T K T J I E H L K S N
E Z F M N E V T Q L U Y F O X
R L I Q T Z R C W O L M P D Z
Y T R C V E R M S H D U H A E
W R S E R Y S A E I X I P P K
F L T P E A L N T I E U Z O J
U P S N P O R Z L L E H S P Y
V W T E A Y V I S I J R W H J
R G R N I G K H N S E C L R R
E P E T R O L E U M Q A L U H
Z D E U F E V I L O T N U O M
Z O T H C I V O G A R D Z C F
```

DRAGOVICH	FILL-UP	FIRST STREET
HENRY	MACOUPIN	MOUNT OLIVE
OLA SOULSBY	OSTERMEIER	PETROLEUM
SHELL	SODA POP	TV REPAIR

The Palms Grill Cafe

```
A D M T F N B Q O F C L W B F
T U I F H L B G P H L M C W G
L X S K J E Q C I I O K B B F
A C S W Z J D C R O L S L A X
N U Y K E E K G O U T U O S H
T X S H U E E Y M W E U S G Z
A F T Z N H T R P B S B C P
S V P H T U M S L A S K S M F
T J O P O S S A H L R A D K O
R A H C S M T N E O L B P Y R
U Y S G M E P V I D P T I O Z
E M I E A T Q S M K U P C L N
H W B P D X W O O H W M E S Z
U B O I A S H T V N T A N I W
J D N U O H Y E R G S X H F J
```

ADAMS	ATLANTA	BISHOP
BLUE PLATE	CHICKEN	GREYHOUND
HAWKINS	LIBRARY	MISSY'S
SWEET SHOPPE	THE GRILL	THOMPSON

Home Again on Route 66

```
O W G O G U N U E N X S D A F
J L P O S T C A R D S N W G F
R K D W O X S Y F X N R A T T
T L P C I H G F N U K Z I P O
G M E R I M D L A W B O B E T
S U H A R T I S T U O O Q U L
C E O G T C Y O R E G H W Q A
I S L T N H O H R S K Q S I N
X U F O L I G Z A P W N U T D
P M U U C T M I I L S B H N Y
M R F Y T E E O R N L D L A A
R A K E P V C V C W E P I F C
W W F M X W L Y K L K S N Z H
F V Q O W E O P O C E K S H T
D P Y H A H I J U J Z W U E O
```

ANTIQUE	ARTIST	BOB WALDMIRE
COZINESS	HOMEY	JOYCE COLE
LAND YACHT	OLD CITY HALL	POSTCARDS
WAR MUSEUM	WELCOMING	WRIGHT

Route 66 Fun

Fill in the blanks with words that you or your seatmate think are fun and fitting to create your own unique story about Route 66!

Route 66, often called the 1._____ Mother Road, runs from 2._____ all the way to 3._____, covering 4._____ 5._____. It's a 6._____ journey across the USA. You'll see cool 7._____, old-school 8._____, and 9._____ diners with yummy 10._____. This road is 11._____, filled with sights like 12._____ and 13._____. It captures the 14._____ spirit of adventure. On my trip along this famous 15._____, I 16._____ history, culture, and lots of 17._____, making it a truly 18._____ trip.

1. Adjective_____

2. Place_____

3. Place_____

4. Number_____

5. Unit of Measurement_____

6. Adjective_____

7. Plural Noun_____

8. Plural Noun_____

9. Adjective_____

10. Food_____

11. Adjective_____

12. Noun_____

13. Noun_____

14. Adjective_____

15. Noun_____

16. Past-Tense Verb_____

17. Noun_____

18. Adjective_____

Lincoln Home National Historic Site

```
J  H  J  N  Y  V  J  G  O  M  F  W  V  S  F
X  M  D  N  A  B  S  U  H  B  J  J  U  S  F
Q  A  N  R  Z  P  B  Z  H  L  T  O  V  O  X
P  R  N  E  O  W  A  P  B  S  Y  I  M  M  T
K  Y  E  H  H  B  E  Y  Z  Z  T  K  C  I  Z
D  Y  W  T  E  A  H  S  B  L  V  L  N  Q  A
L  M  S  A  H  Z  B  G  G  U  A  X  L  E  I
S  H  A  F  B  C  H  C  I  A  C  X  O  N  V
X  V  L  T  N  E  D  I  S  E  R  P  C  E  O
O  E  E  R  R  E  L  T  P  Z  N  G  N  E  I
U  D  M  N  D  K  R  O  O  X  X  Q  I  T  Z
S  L  D  D  R  E  E  R  A  C  W  A  L  X  M
K  O  I  A  B  X  P  G  P  M  K  S  E  I  Q
N  E  W  O  S  P  Y  A  J  F  T  R  B  S  S
D  Q  R  S  E  O  M  X  X  Y  E  P  A  A  F
```

ABE LINCOLN	EDDIE	FATHER
HERNDON	HUSBAND	LAW CAREER
MARY	NEIGHBOR	NEW SALEM
PRESIDENT	ROBERT	SIXTEEN

Cozy Dog Drive In

```
P  R  C  A  H  X  B  S  W  S  U  L  X  C  W
X  L  G  F  N  T  X  P  G  W  E  I  R  F  W
V  B  V  N  I  E  V  I  R  D  N  N  W  B  D
U  Y  Q  Z  D  T  D  Q  I  Y  L  C  Q  P  V
N  Z  I  B  O  B  T  L  N  D  G  O  O  S  P
E  R  I  M  D  L  A  W  O  S  S  L  Q  R  Q
N  O  I  T  N  E  V  N  I  F  I  N  Z  U  K
L  Z  W  F  N  Y  S  M  G  O  M  M  C  C  F
B  O  O  E  B  T  E  R  R  J  I  O  I  Y  V
A  N  N  M  R  F  R  B  E  A  R  T  X  T  K
S  E  O  A  L  K  C  M  G  N  S  E  O  S  X
K  Q  N  G  N  N  R  A  D  B  E  L  F  U  H
E  D  I  Y  P  O  R  O  H  N  E  I  T  R  X
T  Q  C  I  F  X  G  F  T  R  U  I  W  C  Z
S  J  M  Y  H  Y  R  U  A  O  O  H  R  T  Y
```

BASKETS	BOB	CORN DOG
CRUSTY CURS	DON STRAND	DRIVE IN
INVENTION	KNOX	LINCOLN MOTEL
STICK	WALDMIRE	WIENER

Route 66 Drive-In Theater

```
A K I S N O I S S E C N O C U
F Z F W F V R I Z P U F R G N
D N U O R G Y A L P Y P O O P
K B N Z N A K W N L E F H X U
N O E L I T M J D K I O N U O
I G E S W R O N O B N R G H U
G S R E T L E S G K L X P T W
H E C S S I H S I Y Y A O A N
T P S G R E X N T O S J K Q J
S B R F R P G J H R U Y Z W L
J J E E S A N G A M O N P U B
T D V W R C R Y O U A O K U N
D X L S R E L Z Z I W T M Y O
L P I D P Y Q K M J Q Y R S M
U O S J E G G X R Y Q F J A W
```

APRIL	CONCESSIONS	FRIENDLY
KNIGHTS	KOSHER	NO HONKING
PLAYGROUND	RESTROOMS	SANGAMON
SILVER SCREEN	TWIN	TWIZZLERS

Sugar Creek Covered Bridge

```
Z  P  C  R  R  L  O  S  F  Z  M  W  Z  Q  L
P  I  A  O  B  Y  T  R  V  O  J  M  H  K  B
B  I  O  R  D  P  O  K  S  U  F  M  E  C  J
A  T  C  Z  O  L  C  D  B  H  G  E  U  J  Y
A  S  M  T  B  C  P  Y  L  H  R  Q  V  C  J
S  A  P  K  U  V  H  M  T  C  B  N  F  R  T
P  P  H  I  R  R  H  E  A  D  L  E  Y  K  I
A  O  E  M  R  M  E  D  S  H  L  K  V  C  M
N  T  N  H  T  E  A  S  R  T  T  O  M  A  B
S  E  N  P  R  N  L  I  Q  I  E  A  Q  L  E
S  G  T  B  U  O  V  L  L  U  G  R  H  B  R
T  D  E  X  S  H  A  J  I  L  E  N  D  C  S
Q  I  P  T  S  R  L  W  R  M  U  Q  T  U  U
K  R  B  M  W  N  O  X  F  F  Z  P  K  D  T
W  B  L  D  X  J  B  S  L  U  G  K  E  X  E
```

BLACK	BRIDGE TO PAST	BURR TRUSS
CHATHAM	CREEK	HEADLEY
MILLER	PICTURESQUE	PULLIAM
ROCHESTER	SPANS	TIMBER

Jubelt's Bakery & Restaurant

```
J P H W R L I C M X Y P A U L
J A J U B E L T F A M I L Y U
E E L X W C Z J W R C F P C A
Q A A B Z L B X F K Q K G T R
Z L W N Z S W B V E L K D Z V
R B B J M P E E I I N N S S Z
R E C U R A H I T G C Y A E Q
E R U H R N R C R T Q R A H K
V T L X Z G H I Q T T E O C Z
I A B P Q F E G E D S K T I D
L E R X I N N R H A P A D W E
O V F E L C P N C P E B P D R
T C L N K L Z L M H A O A N F
M D C U K H S I Z W E M D A L
Q T E D A M E M O H U F S S W
```

ALBERT	BAKERY	BURGER CHEF
FRED	HOMEMADE	JEANMARIE
JUBELT FAMILY	LITCHFIELD	MT. OLIVE
PASTRIES	PAUL	SANDWICHES

Pink Elephant Antique Mall

```
A R J L E I Z W E N U W G J Y
L M E V R E S T F O S K E B P
O S H I G H S C H O O L F I F
I E U E U E Z K W O B H N U S
G R H E G L L L D I Z M R L F
K U V T K E N G T K A N D U R
J S P S V M G C P P I E L E E
Y A W I O I E F O T N F O R S
K E B W C L K J U W N D E A H
Y R M T L K V R O X W O K W B
T T O O M E E N I P J Z D S E
M S C T Q G A R B O G Q E S E
K S N H D M H R I B J Y B A F
A A I U O B E G D L S U P L O
F D F W F A H D T M L G O G E
```

COLLECTIBLE	FRESH BEEF	FUDGE
FURNITURE	GLASSWARE	HIGH SCHOOL
PICKERILL	PIN MAP	SOFT-SERVE
TREASURES	TWISTEE	WOMAN-OWNED

Missouri

Across

1 Group that occupied Missouri prior to the Indian Removal Act of 1930

4 Interactive experience based on the famous ship that sank in the North Atlantic

5 Popular summer drink invented by Richard Blechynden

11 Nickname for St. Louis, as the city was a starting point for explorers of the West

12 Thirty-third president, born in Lamar, MO

Down

2 Popular Missouri MLB team

3 Nineteenth-century railway also called the St. Louis–San Francisco Railway

4 Born in St. Louis, this poet went on to write *The Waste Land*

6 Annual Charleston festival

7 Missouri's greatest invention

8 Architect of the Gateway Arch

9 State slogan, suspected to have come from a speech by Congressman Vandiver

10 The first _____ was completed by Albert Berry, who landed at Jefferson Barracks

Old Chain of Rocks Bridge

```
T T R A I L N E T H K K G E H
X N A M S N B I K E W A Y B T
N Z J E K N D P F C W X P Q O
J Q U Y W S A P A H U W D A O
F J D Q U P H I Y O O B T F B
W H E J V T P S R U T Z M Q L
Z H N I U I D S P T Q X I E L
R M C E W O N I J E S H G M O
D A M I E U E S D A H E G K T
T R L X J R E S A U W Z D H V
Z V A W S R G I E P R V D E A
S M O L N O B M H J J C A E P
N F H Q C S R I V E R V I E W
U H S W L O G N Z I C U K P V
S I U O L T S N H U U U X Z H
```

BIKEWAY	CHOUTEAU	DAM
GREEN	MISSISSIPPI	PEDESTRIANS
PIERS	RIVERVIEW	SHOAL
ST. LOUIS	TOLL BOOTH	TRAILNET

Route 66 State Park Visitors Center

```
Y C R C W R N M S O B N D E N
L P H B R V O H J T O X T N N
C C Y C R K V N Y C A J E A K
R H P A A I X S D R I B I D G
J G C Y W E D E X M S R V F D
X E A F E A B G I Q T D Q J Q
Y S L U V O T S E S M R V J N
B U S K C B S E E H D O W O C
J O T X G O C U G M E D U K K
T H J B U J Q L P A I A Q E S
C D Q R E E L P E R H T D P G
O A I C Q M J J D A Q X L A T
V O M E R A M E C A N K X U E
R R R P M A R T A O B U L T A
U P W K M N I X O I D W P Q C
```

BIRDS	BOAT RAMP	BRIDGEHEAD
CLEANUP	DIOXIN	EPA
EQUESTRIAN	GETAWAY	MERAMEC
MISSOURI	ROADHOUSE	TIMES BEACH

Meramec Caverns

```
U  T  H  E  B  A  L  L  R  O  O  M  H  Z  S
Q  G  U  N  P  O  W  D  E  R  N  M  Q  G  A
R  B  I  O  I  W  O  L  E  P  I  S  X  K  L
U  G  C  P  A  U  C  Q  U  X  A  C  T  F  T
E  G  N  Q  V  W  A  V  L  H  T  U  P  D  P
P  T  U  I  T  N  V  A  U  S  R  H  F  W  E
P  L  L  D  C  B  E  V  E  G  U  L  O  J  T
L  U  M  K  I  N  P  M  L  H  C  Q  D  I  E
E  A  C  E  C  R  A  N  L  E  E  V  P  A  R
Z  N  B  S  R  J  R  D  L  O  G  T  L  Q  R
E  E  E  J  E  T  T  B  V  V  A  A  V  A  V
C  R  L  S  Z  P  Y  R  I  G  T  P  S  S  Z
J  G  S  T  A  N  T  O  N  G  S  W  T  O  B
X  E  V  B  J  L  E  S  D  I  L  L  T  I  Z
J  X  T  X  M  E  Z  W  Y  F  F  H  K  F  C
```

CAVE PARTY	DANCING	GUNPOWDER
JESSE JAMES	LES DILL	OSAGE
RENAULT	RUEPPLE	SALTPETER
STAGE CURTAIN	STANTON	THE BALLROOM

Wagon Wheel Motel

```
B V T V Q C V U M I T Y E S R
X N I T R A M X Q L S K D L X
M O R T A R U S S N L J K B J
V G T M S D K R I S G C W D J
W S T O N E C B A L H U J G F
Z H F E L U A S F O I A C E A
E G R F B C N A W H W T X L N
B P I A Q L V D E C A V W L I
X O E H O G M A Z E Y G M I Y
S L S C R M M M Q E B W F V R
I S E Q A E C S V I Z J E L C
G R N T I Z O O I N J E R E M
A B H D E Q V N G N J H B E T
K I A I N R X P S O N H Z T B
S S N M H W N B U C M L Q S L
```

ADAMSON	CABINS	CONNIE ECHOLS
CUBA	FRIESENHAN	HI-WAY
MARTIN	MATHIS	MORTAR
SADIE MAE	STEELVILLE	STONE

Historic Women of Route 66

1. Mina Edison
(1865–1947)

A. Owned service station in Hydro, Oklahoma

2. Adah Robinson
(1882–1962)

B. Rodeo performer

3. Emma "Grandma" Gatewood
(1887–1973)

C. Philanthropist who supported the development of Route 66.

4. Bonnie McCarroll
(1897–1929)

D. Prominent architect in Tulsa, Oklahoma, who designed several notable buildings along Route 66.

5. Edith Head
(1897–1981)

E. Advocated for the preservation of Native American heritage along Route 66.

6. Hazel Funk Holmes
(1909–1998)

F. Hiked many parts of Route 66

7. Lucille Hamons
(1921–2000)

G. Designed costumes for films and TV shows that featured Route 66.

8. La Donna Harris
(born 1931)

H. Author of Adventures on Route 66

Elbow Inn Bar & BBQ

```
Q V H E L B A T L O O P D W T
T L Y G M M B Z T N Z F T A K
H P R F S G B J K A F W L A V
E M F B A L U D S Y A X O X S
M E Y X N G T Q Z K C X R F S
I W O B L E S L I V E D A A O
S O J L P B S V G X L X N S M
F Y T M N B W X U R I Q G Z R
I B I K E R B A R C F A E U E
T U O G N A H C Z D T R C L G
S R M O R N K Z Y B U X R U N
B V W B C W N D O O L F U F U
R U Y F K W I H R R F H S L M
A X Y Q W F V A V L U O H W O
S U V J E U C B R A B J R Y S
```

BAR-B-CUE	BIKER BAR	BRAS
DEVIL'S ELBOW	FACELIFT	FLOOD
HANGOUT	JUG	MUNGER-MOSS
ORANGE CRUSH	POOL TABLE	THE MISFITS

Henry's Rabbit Ranch

```
X C F V X L I V I N G S T O N
V H Q H K X Z O Y D E L Y G G
I A U A N A T N O M Q V W N S
X R F K I M E H G S B E Y E H
N E G A W S K L O V L S I E R
A I P U P W E M I L Y N N K G
O T Y S T A F Q I Y N M S P I
L I G F R Q B V S U Y U T R N
D S Z N M M R B B G R A A T R
C B Y R I E A B Q V E V U I V
A D X N Y K M X E L B J N E S
R D H W E R C K U E R W T Q O
S V A Y R V V U T P J V O P L
W S B R I X C J R I K C N K Y
A V Q R A E Y R E T S E Y K W
```

BUNNIES	EMILY	GUY
HARE IT IS	LIVINGSTON	MONTANA
OLD CARS	SAWYERVILLE	STAUNTON
TRUCKING	VOLKSWAGEN	YESTERYEAR

Munger Moss Motel

```
C X Z H Q D R G L L N E N B P
E D E L C A L H H N G F O G R
W T W X G U M Z O N O B O W V
C C R S F T X L I O B S A V T
Y G F A Z O W L O I Q E D N G
N T I Y M C W N E I M L S U M
X P T Z K O O D W P L L B G H
S N B I B U N V Z X Z I U L S
B Q O S Z R A A W T O V L O O
T K T N C T H W Q G B S E G W
X U E E A C W J C B N E H L G
N G I S C I N O C I J N M J H
P O P D N A M O M Q D Y A P R
I V C W Y X C Q L E B A N O N
D U B I T H E M E D J W T W C
```

AUTO COURT	BOBBIE	BOWLING
HUDSON	ICONIC SIGN	LACLEDE
LEBANON	LEHMAN	MOM AND POP
RAMONA	THEMED	WAYNESVILLE

Some Movies of Route 66

```
T S J L Y J N O S J C U R C D
E F A C D A D G A B M K N A Q
R A I N M A N L O I E T D R P
T I Q R A E J S D Q L A E S M
W K A U G I G N Q U O L Z P U
Z T O G Q O I H O R H M U D G
S U X C H G J E R R E O K M T
F T V D H A W E V E H S K S S
N C L T Q X H A L D T T Y R E
J I R V K T C R O I N G U F R
W U O Z O A G B X R I H V P R
N O G M T O R V M Y E O G A O
R M E I F T G Q F S C S S C F
T H O K E E D G O A A T M L L
T N J S Q A J X E E L S F E W
```

ACE IN THE HOLE	ALMOST GHOSTS	BAGDAD CAFE
CARS	EASY RIDER	FORREST GUMP
MIDNIGHT RUN	RAIN MAN	STARMAN
THE MOTHER ROAD	VACATION	WILD HOGS

Gillioz Theatre

```
U Y R T N U O C C O P Z L U U
F E V Y S A I I E H R V N D E
L Q M Q Z F D Q U Y O E A Y M
W W M M R O F R E P J X N A E
K Q O E O P E L H R E O X R L
S R N N M U S A D L C Z M E J
D J E F Q E U I L L T I U P Y
O W T F R N P I A Z I J G O N
Z H T P T S V B L G O E B T V
A A E I Q E B W A C N G V W C
R U N Q D T N T V U I Q C D Y
K G J U B R I D G E S J D C L
S W A Z R Q R Z K D T W W J L
E V L J K C F F Y O T Q W T A
W D W S X J R E Z T I L R U W
```

BALCONY	BRIDGES	COUNTRY
HAUNTINGS	MONETT	OPERA
OZARKS	PERFORM	PRESLEY
PROJECTIONIST	VAUDEVILLE	WURLITZER

History Museum on the Square

```
T  R  A  N  S  P  O  R  T  A  T  I  O  N  V
T  Z  N  O  K  C  I  R  T  C  E  L  E  L  X
E  H  T  N  A  D  N  U  B  A  D  Q  L  Z  O
B  Y  K  L  D  D  E  D  N  C  H  I  O  N  O
R  T  X  F  L  B  K  N  I  P  B  Q  Z  K  C
O  I  K  L  D  I  W  T  I  D  O  F  N  B  M
C  C  P  J  E  J  D  V  L  L  L  P  N  V  W  D
S  N  P  F  W  Y  Q  I  U  P  E  B  H  D  J
K  E  F  D  W  D  W  X  E  R  R  M  X  Z  K
L  E  C  T  U  R  E  S  O  O  D  A  I  V  J
R  U  D  J  Q  O  J  K  U  F  X  R  H  T  P
T  Q  R  X  E  R  A  W  A  L  E  D  D  N  S
I  N  Q  A  B  R  J  Q  L  S  O  H  J  Z
X  O  O  P  A  K  C  I  K  S  P  M  T  M  P
U  D  G  Q  K  X  N  H  V  G  I  L  V  J  K
```

ABUNDANT	CORBETT	DELAWARE
ELECTRIC	KICKAPOO	KIEFFER
LECTURES	QUEEN CITY	THE FOX
TIMELINE	TRANSPORTATION	WILD BILL

Birthplace of Route 66 Roadside Park

```
W A L K I N G P A T H C J W C
S G N I N N I G E B Z Y F O Z
X K J U K N J K H X X R J X M
V L K V A O C W C I I U R O E
A S C A N G J H E H E S S B C
P B F F U R D O O W T A U E S
D F A Y T U G A W W I V L F M
W E R E C B A O U C Z E E F G
C S N N V M E A W D B R K O H
W T L A S A B A E R S Y B C C
X I N H D H L W A D Z S T A M
D V C C I L V T E M N E X N J
G A O R F J I R F H R U H X W
I L A U K O S I X T Y T B U R
S B L P N B J J S O D T F K U
```

BEGINNINGS	CELEBRATION	CHANEY
CYRUS AVERY	FESTIVAL	HAMBURG
MOSAIC WALL	RED'S	SIXTY
STRETCH	WALKING PATH	WOODRUFF

Route 66 Car Museum

```
U U O C W N U K N P Q Y U U F
O P M F A U T O M O B I L E S
U I O B R G T K K X X E X P R
K Z T S K A T R Q S C Y R W U
S S O E C U U B C T E I E E L
W R R K M O X G O L N N C W P
F E I U M G T M A G P G A Y Z
F T N A M X O E F J I L M X P
E S G A C B H I C N E U Y Z A
R D S G I N E A Y W M N U O C
G A Y L I L X F O O N A G H K
C O E T D U T F T P R Q O O A
S R S V M R D O A U P Q W R R
T U Y G W F R X Q P J X K C D
A T S A I S U H T N E M D H W
```

AUSTIN HEALEY	AUTOMOBILE	ECTOMOBILE
ENTHUSIAST	GUY MACE	HORCH
JAGUAR	MOTOR	MOTORING
PACKARD	ROADSTERS	SPRINGFIELD

Decode the Vanity Plate

Decode the license plate phrases and write them in the boxes below.

1. **NVRL8** *road trip*

2. **CALQL8** *road trip*

3. **XQZME** *road trip*

4. **XLR8S** *road trip*

5. **W84ME** *road trip*

6. **NDLSMR** *road trip*

7. **B9S 2US** *road trip*

8. **CRE8IV** *road trip*

Battle of Carthage Civil War Museum

```
Y  F  V  Y  G  D  X  R  F  B  Y  M  H  S  W
S  C  R  E  S  D  B  A  X  A  F  G  C  M  W
F  X  Y  A  T  T  M  S  M  T  N  P  W  I  A
Y  U  K  B  N  A  R  X  U  T  O  T  G  K  F
L  Z  V  V  Y  Z  R  A  W  L  I  V  I  C  G
J  R  Q  W  L  C  S  E  T  E  N  U  B  D  G
D  S  D  M  A  Q  Y  I  D  E  U  R  T  U  L
I  C  O  H  W  C  M  U  G  E  G  T  Y  J  N
O  X  W  L  S  U  S  P  O  E  F  Y  C  J  S
R  Z  I  M  D  F  Q  Y  S  D  L  N  L  P  N
A  C  K  X  Y  I  S  J  A  C  K  S  O  N  C
M  U  F  S  C  S  E  L  I  M  N  E  T  C  X
A  R  K  T  O  M  V  R  N  X  O  P  O  X  P
R  I  H  W  B  I  G  Z  S  W  U  Y  P  Z  I
S  A  M  O  H  T  K  H  X  V  O  N  G  W  X
```

BATTLE	CIVIL WAR	CONFEDERATE
DIORAMA	FRANZ SIGEL	JACKSON
KIOSK	SOLDIERS	STRATEGY
TEN MILES	THOMAS	UNION

Red Oak II

H S K S O Q L Q Y F B S I L T
O J H P S I V A D Z G X S L V
Y F E A W U S P L V J C I A F
L O W E L L R O S E H U B H K
U T U K Z V J B W O B R D N F
U W C H I P K E O E B V A W N
A T O M T A Y L R H C A Y O Y
H R R N F I H L X O M M F T W
X A N V O O M E S D E E Y O S
V L F G U Q R S Q W Q U E L X
Z A I S T Z N T K G E S S C K
Q R E E O L C A F C T E F S A
O U L S S O K R Q M A R G H U
Y R D Y L M E R A N C L W P L
P Y T E Y V D N X R K N B K H

BELLE STARR	BLACKSMITH	CORNFIELD
DAVIS	LOWELL	MEUSER
REBUILT	ROSE	RURAL ART
SCHOOLHOUSE	TOWN HALL	WOESTMAN

Boots Court Motel

```
J B C L A R K G A B L E A A T
S T E I H G R Z T R O P R A C
X C S C A R B E G B P W T P C
S D I S R E D H O R S E H Z C
N B H T O E D L H A I E U P L
G M Q I B N M U S D C K R P X
T D N H E N C T W I Q F R Y N
D V F T D E O O N O U I C S W
B S J C K O X P G G S P Q Z A
V F X W B N G Q N C L Z Y E O
V I X D S D L T I B I A E E T
A F Y K Q B U L E M L L L L I
R O O E X Y L M L K D G E B O
L S R Q U A H Y C Q A W E A W
Z M A K J E L D O N I I N Q N
```

ARTHUR	CARPORT	CLARK GABLE
DEBORAH	ELDON	GREEN NEON
ILDA	LOYD BOOTS	NEELEY
PRISCILLA	RADIO	RED HORSE

66 Drive-In Theatre

```
N E C K H T O O B T E K C I T
O W K M F U V J A Z Q M D U G
I C B M A W S K J Y B Y B Q S
S O A S F R O O J G X J D R T
S W X R J Z Q E H I O Z E A A
I C Q O T Z O U T C K K C J M
M J K P G H J M E R A Q F I L
R G O O D M A N C E E N C V Y
E R U T A E F G P D D P S I J
T R N U H R B S E W O G S W F
N D Y V E K D I Y E Y N G A Y
I F U M Q U C X T I Z G A V J
G U N N O E H A C C B V I L N
Q E Z L R I Y D N A C J W M D
J U Q Z F C A R C U L T U R E
```

CANDY	CAR CULTURE	CARTHAGE
FEATURE	GOODMAN	INTERMISSION
JASPER	LOUDSPEAKERS	MARQUEE
MCDONALD	NACHOS	TICKET BOOTH

Kansas

Across

1 Town housing replica of Dorothy's house from *The Wizard of Oz*

3 Only river pronounced differently in Kansas than in other states

8 One of the nation's leading aircraft manufacturing centers

9 Known as the "Cow Chip Capital" of Kansas

11 Nicknamed the "Salt City" due to rich salt deposits

12 Childhood home of thirty-fourth president Dwight D. Eisenhower.

Down

2 Born in Atchinson, first woman to fly across the Atlantic Ocean

4 First female mayor in the U.S., elected in 1887 in Argonia

5 The state flower of Kansas

6 The "Wheat Capital of the World"

7 Home of an over-38-foot-long ball of twine that's still growing

10 Born in Kansas, first African-American woman to win an Oscar

Rainbow Bridge

```
H H L S Q Y P G N I N N A P S
C C V P G Z Y E O G V A C Y A
Y R D E A N W A L K E R X X V
N A D A X E I D M L Z D D S U
W H B A X T E R S P R I N G S
B S V N P K X F E X U B V C R
R R N A Q A R U E E N R N W T
U A S P P E I E D V N F J E X
S M O S C P T S K G T I M W U
H U A E L H F E L A J V G D F
C P N L S O F B R E T F A N K
R X K G H T B E M C Y E T L E
E Q Q N B O A S J X N P R N R
E T B I A O N O V L R O H A K
K A B S H P P P Y F E W C A C
```

BAXTER SPRINGS   BRUSH CREEK   CARETAKER
CONCRETE   DEAN WALKER   ENGINEERING
MARSH ARCH   PAISLEY   PHOTO OP
POSE   SINGLE SPAN   SPANNING

Cars on the Route

```
F M V W R B Y D U J B N K F O
R E O W M L H C A R R O U T E
A I N D B Y R M T O M E Z K P
C Q T L S N E O H F E E C P M
D K P E W L W R N N T U J P K
G U V L B T E Q E B R I X N R
V J Y A A M U R E T E S S A L
H Y I T R C D Q M R M O Y S B
X R E E G T M O U D A K V U L
Y R H L R Z O X J I A N V I G
K C R C Y B I J Q N H B F Q P
S L O R T K R W O K W S Z T B
Z H D S T E M E P A D O U Y U
W K I A E W X R A X I P D S I
Y N W M B G H Q O N N I K G B
```

BETTY	BOOM TRUCK	CAR ROUTE
JUDY	KAN-O-EX	LASSETER
MELBA	PIXAR	RANFT
RENEE	SCHERMERHORN	TOW TATER

Galena Mining & Historical Museum

```
V U T Z J N P Z U L H T W U L
S M E L T I N G S W H Z S C D
O W E R F M E B A W E H L K A
C E U S X B I L A S N S A Z P
L Y Q J C C L N F B Q T R K Q
E R H U C A H I I Q I Q E E N
A K G C I I B S S N L Z N M W
N A S T T P N D K S G X I G Z
U N R A E I M D M D R Q M T O
P A I M X H L E U P O I Q C I
M O W K E Q B H N S Y L L T H
Y F C M R S E K G T T W Z E L
U D R N L E A D O R E R W P Y
T B T A Q H L W U M L S Y X A
T R A I N D E P O T H H T Z O
```

BLISS-RILEY	CLEANUP	EQUIPMENT
INDUSTRY	LEAD ORE	LITCH
MARTIAL LAW	MINERALS	MINING
SMELTING	TRAIN DEPOT	UMW

Mining Types

Please fill in the blanks.

1. _____ Mining is the method used to extract minerals and resources from the Earth's surface, often involving the removal of overburden (soil and rock) to access the ore beneath.

2. In Underground Mining, _____ are created to access deeper ore deposits, making it suitable for valuable resources located at greater depths.

3. Open-pit Mining is a type of Surface Mining where a large excavation pit is dug to extract valuable minerals or ores. It is commonly used for mining _____.

4. Strip Mining involves removing layers to access shallow mineral deposits. It's often used for _____ mining.

5. Placer Mining is the extraction of minerals from alluvial deposits, such as rivers and streams, by using _____ to separate valuable particles from sediments. Gold panning is a classic example.

6. _____ Mining is a form of underground mining that involves digging tunnels and shafts to access deep mineral deposits like coal and some metal ores.

7. In Room and Pillar Mining, large rooms are excavated, leaving pillars of untouched ore to support the roof. It's commonly used for coal and _____ mining.

8. Longwall Mining is an efficient underground method where a shearing machine removes coal or ore along a long face, allowing the roof to _____.

Nelson's Old Riverton Store

```
L Y E K Z F G L S B Q Q U V H
O U M B I G K C J T Q C X V S
Z W P Q G B W Q K L T T D L J
K D O G R O C E R I E S E I D
V S R S E A I V X K Q O D V G
W Z I U J S T Q R F W B B I W
E L U C L N T A J I S B J N S
E Y M E H C M I L U T K N G E
L V R T A D K L I T O X O R I
S W I R O L I A T E R S S O R
V H B O E A X G P D E A L O D
K B F I M C Z W R P Y A E M N
I I V S F S I W R N J V N N U
R D P W N O S L E N T T O C S
E B N O T R E V I R I V F P L
```

EISLER	EMPORIUM	FOOD MARKET
GROCERIES	LEO WILLIAMS	LIVING ROOM
NELSON	RETAIL	RIVERTON
SCOTT NELSON	STORE	SUNDRIES

Baxter Springs Heritage Center & Museum

```
D  M  W  K  X  T  I  L  T  E  W  A  D  W  O
S  A  N  J  A  N  M  N  T  U  P  J  K  X  W
A  K  O  Y  Y  O  W  A  P  R  O  B  E  I  Q
S  Y  J  R  H  M  E  F  E  H  W  R  X  E  Z
N  L  G  I  Y  B  T  D  N  S  B  T  S  M  Q
A  A  U  P  Y  R  M  B  R  V  D  F  Z  I  C
K  V  L  L  Q  U  A  N  T  R  I  L  L  E  A
K  N  A  F  D  X  P  T  Q  F  H  Y  P  V  M
C  H  S  U  T  U  F  L  I  R  W  C  X  I  P
C  S  P  E  C  X  O  P  A  L  G  N  C  T  S
Y  Q  R  N  P  R  D  F  T  N  I  B  Z  A  I
K  I  I  G  E  Z  S  A  Y  D  T  M  E  R  T
L  Z  Z  P  N  K  V  C  I  G  U  E  Q  U  E
H  Q  D  S  N  I  G  G  I  W  F  O  R  C  P
B  A  T  H  H  O  U  S  E  K  M  W  N  S  L
```

BATHHOUSE	CAMPSITE	CHALYBEATE
CURATIVE	JOHN BAXTER	KANSAS
MILITARY ROAD	PLANTERS	QUANTRILL
RED MUD	WIGGINS	ZINC

Baxter Springs Independent Service Station

```
H  M  R  M  P  U  B  R  E  G  A  T  T  O  C
V  P  G  C  N  U  E  T  W  N  M  C  O  D  Z
I  C  R  X  M  Q  M  J  H  I  P  Q  M  K  D
L  B  H  O  C  S  B  P  L  M  R  R  K  Y  B
A  L  B  I  T  R  V  I  S  O  Y  K  R  B  R
Y  C  I  L  I  C  T  X  M  O  S  A  G  O  N
I  L  B  C  K  A  A  C  Q  R  E  J  O  V  I
D  M  K  M  R  V  T  R  F  G  C  L  Z  H  B
H  R  H  Y  Z  A  U  U  P  G  I  S  T  E  Q
V  M  A  C  T  U  G  W  N  O  V  M  W  G  B
N  V  E  N  E  A  S  S  N  D  R  G  Y  H  F
E  B  K  F  H  N  M  H  P  M  E  I  H  F  I
Z  O  I  J  O  C  C  U  T  S  S  A  H  H  X
Z  S  H  I  E  L  D  N  K  S  K  X  U  C  S
C  W  O  D  N  I  W  Y  A  B  Z  W  Z  P  J
```

BAY WINDOW	BRICK	CHIROPRACTOR
COTTAGE	DOG GROOMING	MILITARY AVE.
NO GAS	OIL	PUMPS
SERVICES	SHIELD	STUCCO

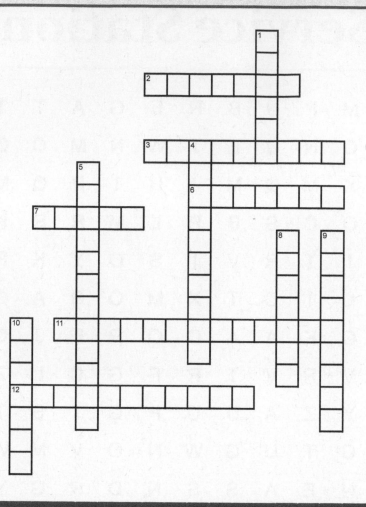

Across

2 State nickname and university team name

3 Northwest corner of the state

6 The state's NBA franchise team name

7 For most of 20th century called the "Oil Capital of the World"

11 Appropriate state nickname, given its 37 recognized tribal nations

12 Historic tradition for moving herds through OK

Down

1 Home to the University of Oklahoma

4 Third nationally in production of this energy source

5 The state capital and largest city

8 Terrorist act at Alfred P. Murrah Federal Building, killing 168

9 A common weather event throughout state

10 The first tribe to travel the Trail of Tears

American Heartland Theme Park and Resort

```
X  V  I  N  N  I  E  R  E  A  M  S  C  U  W
C  S  K  M  G  E  B  Z  B  C  P  B  C  X  T
O  E  I  C  P  R  T  V  J  Q  C  S  O  Y  N
M  O  Y  L  U  E  F  C  D  S  N  P  O  L  I
I  F  T  G  O  V  E  L  E  I  T  I  W  G  O
N  W  F  H  N  P  I  Q  A  Z  T  D  E  R  P
G  N  U  Q  R  B  O  L  G  J  N  A  E  A  Y
S  I  U  F  E  E  P  R  Y  H  L  C  S  N  N
O  E  G  R  E  T  E  S  T  G  V  A  C  D  O
O  U  T  M  A  C  Q  P  U  C  R  M  O  L  T
N  Y  W  E  E  V  N  K  O  K  E  L  O  A  S
J  O  R  O  K  S  R  N  M  N  R  L  W  K  R
M  G  Q  C  Z  V  A  T  I  N  I  V  E  E  G
C  N  X  B  I  C  K  N  E  L  L  E  E  X  I
D  W  R  B  B  A  Y  O  U  B  A  Y  S  K  W
```

BAYOU BAY	BICKNELL	COMING SOON
COOWEESCOOWEE	ELECTROPOLIS	GRAND LAKE
GREAT PLAINS	LIBERTY	STONY POINT
THREE PONIES	VINITA	VINNIE REAMS

Ed Galloway's Totem Pole Park

```
Y E W D V A S E V P T E N T L
B E Z R V Q B G C Z G Y E P E
Y K Y A W C U A E Q Q O L X K
Y C S W Z P I P Q N I E O A L
T M G D W L N S F Q Q A T X X
R J B E H F C E A N S H S C D
A O O Z D M I L Z I M K Q A J
K R V R N L S R G N U Z L R J
L X F E E H E A T E T K G V M
O N X R T A D H G F S N K I E
F S S R C E P C J L L V Y N L
F A V O P N R O U O H M R G D
B I T R A Y R A N O I S I V D
V T U R T L E D N R D X X I I
W O S H I C A J P S I E Q Z F
```

BAS RELIEF	CARVING	CHARLES PAGE
EDWARD	FIDDLE	FOLK ART
INCISED	NINE FLOORS	STOLEN
TURTLE	VETERAN	VISIONARY ART

Will Rogers Memorial Museum

```
H M F B E T T Y R O G E R S X
U Y R P R K G I G J E V U Z H
M B K E I U F R O Z E B W U J
O D K Y T Q W D G G D B I K U
R S V N U I A Z R X L A J T P
I X C U K V R W W P X V U E H
S A X L I D V E V J P W Q N I
T X K D A P E W M J Y S I O L
Z S S I D R J R F E Y U H T O
T O W O B C E H R E N K H S S
N I D C E Y Z M L E R T B E O
U L M P V U G S O T T N P M P
K W W Q S U T E H R D N S I H
H Q A F O R S Y T H E H I L E
J Z I E T I N A R G G A I J R
```

BETTY ROGERS	CLAREMORE	FDR
FORSYTHE	GRANITE	HUMORIST
INTERRED	JO DAVIDSON	KUNTZ
LIMESTONE	PHILOSOPHER	RETIREMENT

Blue Whale of Catoosa

```
D R O P H N Q S J W F T Y H U
I A O U E R K W P S E B P T V
C N T Z A X E C T Z Z L A A O
D O M S I V A D H G U H D N O
N E M M K B C G D J O S W E G
S Z Q P Y D E H E A T Z H A D
J H K F A C D O I K L P Y I E
H L G S E R C A S E R U T A N
E A F C T D T V Q X F J M H Q
M A M M A L A M Y B B H G Y L
P I C N I C E M E N T C U D U
Z X J F O E Y F J N D D M N F
Y J Y M F W U I X L T M J Y T
P U A R H W Z O O L O G I S T
N I G X J E G S L U J V E E K
```

ACOMA	CEMENT	CHIEF HUNT
COMPARTMENT	HUGH DAVIS	LADDER
MAMMAL	NATURE'S ACRES	PICNIC
POND	WELDED	ZOOLOGIST

Museum of Pioneer History

```
D T G L O C A L H I S T O R Y
E O A K S A E U L F J N O W C
R B O T W H Q M P Z J L H D Q
E O Y A A C R H Z W E I H N U
T H T R N F O C P N N X Y I L
L C K N E O Q D A Y L Q G S L
A S P J E K N S G P O R O T E
N A Y R T M A V H C C S L O V
U M G W H W E B G H N P A R N
X E R C N G F L D S I Y E N A
U A P E T Y P Z T L L R N A M
O W R Y M I S J T T O T E D W
N H Q R E C O R G P E O G O T
I R F J F A I L N O P S C Z A
D Z S N V D E P Y T O N I L Q
```

A.E. MASCHO	GENEALOGY	GROCER
LENA SAWNER	LINCOLN	LINOTYPE
LOCAL HISTORY	MANVEL	OLD BAKERY
SETTLEMENT	TORNADO	UNALTERED

Route 66 Trivia

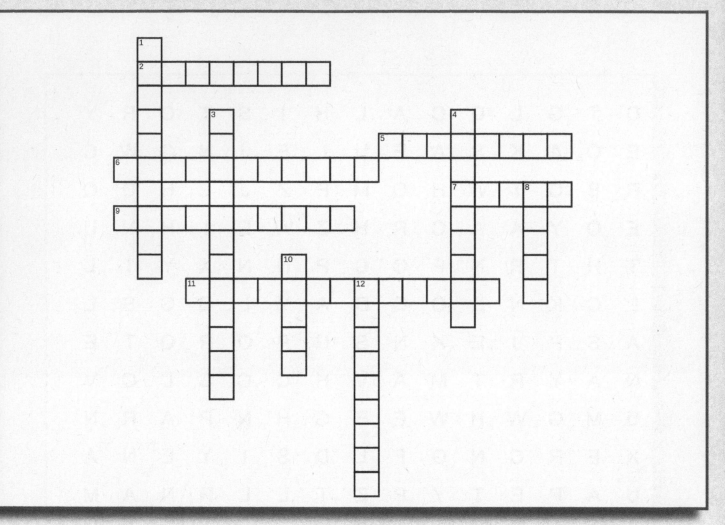

Across

2 State that has the longest stretch of Route 66

5 The midwestern state where Route 66 begins

6 City where Route 66 ends in California

7 Type of eatery popularized along Route 66

9 President who signed the bill creating the US Highway System

11 1939 book by John Steinbeck proclaiming Route 66 the "Mother Road"

Down

1 Iconic motel chain that began on Route 66

3 Famous bridge on Route 66 in St. Louis

4 Nickname for the city at the start of Route 66

8 The total number of states Route 66 passes through

10 State where the midpoint of Route 66 is located

12 Historic city in Arizona known for its Route 66 landmarks

Admiral Twin Drive-In

```
N R O C P O P Y E K Q T M I C
L D J S W L X O C G H X O L S
N S T V V C V A E E M F A T T
V E K A E U B A O O L M H R E
J F E S F W D U V I E T E Y R
S I U R O T T I C N I O N K E
X G B R C S E K I M P I D R O
B U H O I S S C S E V J D C S
D T G D U F N E N L U O R W O
Q X E Y N T K E S W M G I D U
J R G Y V A D O D F I X V K N
S Q V S L M H O Q O D H E T D
I O E B R W V Y O R O E I W H
V F N E M T T W B R M W N J X
Y D W Z Y Z S U L Z J P L R V
```

BLAKE SMITH	CINEMA	DRIVE-IN
FLICKS	MOVIES	OUTDOOR
POPCORN	REOPENED	STEREO SOUND
THE OUTSIDERS	THROWBACK	WOODEN SCREEN

Buck Atom's Cosmic Curios on 66

```
F  P  O  H  S  D  E  E  P  S  N  S  C  S  M
R  O  T  N  G  S  K  T  I  J  Y  V  P  T  L
P  E  H  T  I  K  B  I  G  F  O  O  T  U  E
P  B  I  N  F  U  B  L  A  L  C  J  B  S  R
A  E  W  R  W  E  S  K  Y  U  W  A  E  T  A
I  D  D  Y  O  P  A  D  R  C  G  R  E  E  P
A  I  S  S  A  B  T  I  L  B  N  Z  D  L  P
H  S  Q  C  V  D  O  B  T  X  I  I  K  L  A
E  D  E  D  D  S  M  T  N  A  L  N  U  A  I
B  A  T  C  I  J  I  Q  S  M  C  S  A  Q  G
M  O  M  T  I  R  C  N  Y  I  Y  P  C  O  A
K  R  I  O  S  J  A  Y  M  D  C  F  P  F  V
K  E  P  V  S  P  U  S  N  R  P  C  O  Z  K
S  E  Q  F  I  K  O  G  Q  W  U  M  I  W  V
I  R  Q  U  X  C  D  L  L  U  A  I  G  A  W
```

APPAREL	ATOMIC	BIGFOOT
COSMIC	CURIOSITIES	QUINCY
ROADSIDE	ROBOTS	SPACE
SPEED SHOP	STELLA	UPCYCLING

Cyrus Avery Centennial Plaza

```
Y  S  P  A  P  A  W  A  Z  V  H  S  U  O  S
G  Q  X  U  I  A  B  Y  F  Y  P  X  C  S  K
W  R  I  S  G  A  L  F  E  T  A  T  S  Y  Q
U  F  G  O  R  Z  Q  E  J  O  T  E  B  C  W
L  H  N  M  H  M  H  P  O  J  G  R  L  K  I
V  J  Y  S  K  Y  W  A  L  K  O  A  Z  A  L
P  E  D  E  S  T  R  I  A  N  I  C  B  B  L
B  F  W  V  F  T  C  H  Z  N  H  U  I  E  R
O  P  T  V  O  S  J  E  N  A  K  W  G  F  O
L  B  B  G  U  O  C  E  D  T  R  A  X  H  G
P  P  A  B  N  L  T  K  O  M  M  Y  O  P  E
A  B  V  D  D  N  R  N  P  J  G  R  A  U  R
N  F  T  K  E  B  T  I  Y  P  S  Y  Z  T  S
Z  W  M  C  R  Y  F  G  T  E  Y  P  E  K  F
N  G  Y  R  A  N  O  I  S  I  V  D  G  W  U
```

ART DECO	BRONZE	CENTENNIAL
FOUNDER	HORSES	PAPA
PEDESTRIAN	SKYWALK	STATE FLAGS
VISIONARY	WAGON	WILL ROGERS

Route 66 Historical Village

O K Q T L H I S T O R I C A L
X I E S U F E E G O C S U M U
E N L K E L I Y X T D L K L C
L G K S R C S U K H N G P C H
N D H E T Z E A C A A F L O O
V F S D S R K D I A L T T L C
U M Z U N J I F R V B R V Q T
O P E N A I R K R T E O U I A
T V P X B V N F E Y U L O Q W
F T C S I X L O D H S L N S Y
Z S Y X Q L J I L T O E V I E
O F O B V C U K I F A Y P V O
S U T V Z T E R O L P X E C G
T O P E D K R O F D E R Y E Y
N C X G V D B S G H I W C P G

CABOOSE	CHOCTAW	EXPLORE
HISTORICAL	MUSCOGEE	OIL DERRICK
OIL STRIKE	OPEN AIR	RED FORK DEPOT
SUE BLAND	TROLLEY	TULSA

Heart of Route 66 Auto Museum

```
L R C M P W I L Z N R U C V D
X E K A O S F V A I V K L L W
P T C N C O P K J W P B O O N
Q S I H B K R R S X A C C L G
G O G U I K L L I P R T G D G
W P Y A R P S B L G M L C A G
M M V R S G F U F I Y S K T T
I I D A N P N O I Y R O M R A
L I K E U T U I O F E D H X N
I Z B F D L M M C S S W G H E
T Z M S H U I B P A E R U O Y
A K Q I X B R J W E R P T L D
R A H M W D M C J L V L M M M
Y L W E D F B B F J E D J E I
E R Z H P B A P L U P A S S T
```

ARMORY	ARMY RESERVE	CHIP FOOSE
DRILL ROOM	GAS PUMP	HEMISFEAR
HOLMES	IMPOSTER	MILITARY
RACING	SAPULPA	TIM DYE

Rock Cafe

```
O W A V S E H N F R P W H H B
E U P I N T O B E A N S U X W
R L E N O T S D N A S A A Y P
L G K M Z J H I P E L G P D P
O D X C S G R E V C I P B N F
J F Y D I W W I Z R U W Q A O
A B B Y O P R T A L Y K M C F
G L N L Q Y D F L N S M S Y Z
E B F S O J F E U X M T P O Y
R E E R T E T L I X B P A B C
S T P L S R I D O R K N E W A
A S Z T E A O L K H F X T O P
U Y Y V F J D U P D A X Z C B
C L E J R O D X D V Z R L N E
E N N Y R Y V D H W G W E Z Y
```

BETSY	COWBOY CANDY	FRIED PICKLE
GIRAFFE STYLE	JÄGER SAUCE	NEVER TELL
PINTO BEANS	ROY RIVES	SANDSTONE
SPÄETZLE	STROUD	WOLFE

Route 66 Interpretive Center

```
N L M G M M O D E L A F Q U P
J B N F N K N V X F J H L B D
W F S P P I K K K V D Y R Z F
N Y R L A Y L Z W O L L E U C
E P E E J S Y L L I W V C S A
O T R I R Y W N E O I H D I N
N Z O Q T S U J B T A Z D J P
N I T M L A A T C N Y E L G O
I C S Z C X S A D X M R L A J
G W E Z D U R L P I M N O R F
H I R R D E E Z T P T K C T W
T A I S T R H L Y V I D E O S
S V T N I P U H L W Y J C Z I
E Y I J P M Q T V P M M N U Y
G M F X T F C S V A Z E Z A F
```

CHANDLER	DRIVE	DUST BOWL
INTERACTIVE	MODEL A	MULTIMEDIA
NEON NIGHTS	RESTORERS	STORYTELLING
VIDEO	WILLYS JEEP	WPA

Larry Baggett's Trail of Tears Memorial

```
M E T A P H O R I C A L M O O
Y H E T P K J Y X F M R L X S
Q C D X L O C A L S T O N E X
L L A W E N O T S E R Y L I Y
G I Y G G R F Y W P G F V G U
Y C R U R D F C T T P Y O J M
N Y L S E N Y M N O M L I X F
X J G T B T K G R M O J C B H
F K U A Y Y C T O R G L E J U
Z X Z I R S R Y E L I D E R H
W V B R E A L M D Q O R N Q Q
I S I S I C U E E K O R E H C
F E U T R N E P Y M K B T D M
S Y B M A Y M H E J W W V S M
R W Q N M A R T I S T R Y M A
```

ARTISTRY	ASTROLOGY	CHEROKEE
JEROME	LOCAL STONE	MARIE RYBERG
METAPHORICAL	NUMEROLOGY	SELF-PORTRAIT
STAIRS	STONE WALL	VOICE

Native American Lands on Route 66

True or False

1. More than half of Route 66 lies in Indian country.   T or F

2. Illinois is the official home to three Native American tribes.   T or F

3. St. Louis was nicknamed Mound City because of
   the 40 prehistoric mounds that once were there.   T or F

4. Kansas was the ancestral land to the Osage, Arapaho,
   Comanche, Kanza, Kiowa, and Pawnee people.   T or F

5. The name "Oklahoma" derives from two Osage words,
   "ukla" meaning person and "humá" meaning red   T or F

6. In 1900, according to the census, there were only
   470 Native people living in Texas.   T or F

7. As you enter New Mexico on Route 66, you will see around you
   the bison-hunting ground of the Comanche.   T or F

8. The Navajo Nation in Arizona, New Mexico, and Utah has the
   largest land area of any tribe in the US, more than 25,000 acres.   T or F

9. There are thirty-eight federally recognized tribes in California.   T or F

Source: American Indians & Route 66
https://www.aianta.org/wp-content/uploads/2020/03/American_Indians_Route66.pdf

Seaba Station Motorcycle Museum

```
A T O W L R S E N I G N E R C
O Z J Z S V X N F S I J C I R
U S X O N R V E N R S D H E P
T K L G H O V Q L M N G B S E
H B I T D N C T C V I U A Y V
O I N S P N A P C S I A G S P
U B A S H I Q N D L E J D U G
S Z R D L P G D D V N K J J M
E F D C R T M I W A R W I C K
P D Y M V N N U W Y L Y J B N
N G H P I G S W I O U I M R T
Y Y Y U L M O M V R O R C N J
J S R W J Y L C I N T T K E J
Q P J O R G M D T T Y O H Z N
X A E L C Y C R O T O M Y D D
```

BIKES	ENGINES	HYDRA
JOHN AND ALICE	MOTORCYCLE	NEVR-NOX
OUTHOUSE	REBUILDING	RIES
TIMS	TRIUMPH	WARWICK

74

Arcadia Conservation Education Area

```
C L Y F U C O R M O R A N T K
W W H Y R E H C R A A S O W J
A I T N E M E G A N A M R L A
R G M C K Z L K W J P R I L I
I G O X C E A B P C U A N T L
N B N O R X R E O O R D R G F
G U C I S C C S C T Z D Z M G
B F G L H E A H G O V E G F G
I F E S B S D N X T L U Y K D
L L E L W N I F L D N O M D E
L E C P W K A F C L E B G P F
E H Q S L X L E Y X T K E Y S
D E G A G U A I G L Z Y L P X
C A W A B B K E B D F Q A J O
B D V M E A E P Y C Z V G T L
```

ARCADIA LAKE	ARCHERY	BUFFLEHEAD
CEA	CORMORANT	ECOLOGY
EDMOND	FLY FISHING	GOOSE
MANAGEMENT	RING-BILLED	WALKING TRAIL

75

Arcadia Round Barn

```
D E T A D I P A L I D R O I P
T K H S T R E C N O C E F S W
F A D Q L Y J O A C E Q U M B
M O W R H U C I S U M D O O G
Z R O C I G K V W D O P N B R
J U O R D G N E Z U Z K I B Z
N B D Z P A H I R Z N G X K H
P B E O N E F T D O B P N B K
S H N A E W N Y O I B J B H Q
K O R Q U K J O L F S I Q E M
R V U O S X O L L P W D S E D
H D K F A M O K H C A A E O S
C D K E F D G H P K Y E Y R N
L G H U O L K X S Z V C R L A
N I N R H Z E J T M Z N A J M
```

BIG BILL ODOR	BUR OAK	CONCERTS
CYCLONE-PROOF	DILAPIDATED	GOOD MUSIC
LUKE ROBISON	RED SIDING	RIGHT-OF-WAY
SOUFFLÉ	VRANA	WOODEN

Pops 66

```
O J H L T B Z E A U K Q C V A
D X H B B S L K M B M E C Z R
T J M A C H E E R W I N E V C
Q A T I F P J B D P R I G K A
S A G H L W B S O L J T R N D
S Y A C F I O F K T I V A K I
E N I N G P A H R R T G W Q A
L C T A G T L E O S P L H B K
D K B R K U S P O P X X E T O
N K N A J T S Q T K I S D C S
E T A D A H E B B H O B S X T
L N L O X C K T E M Z K F L X
S I L S B A X Z E E S Y A H F
O F K H H M J Z R T F M O A R
K G U U L T R A M O D E R N O
```

ANGUS BEEF	ARCADIA	BOTTLE
CHEERWINE	ENDLESS	FLOATS
LED LIGHTS	MALT	POP
ROOT BEER	SODA RANCH	ULTRAMODERN

National Cowboy & Western Heritage Museum

```
O G N T M X W K F G H N H A A
M W I X M G N Z Y J K O X M W
O V O K P C A H Q Y Q E R E S
K L Y G L R T O Z T K E G R F
H Z C O Y I I L B W S L H I O
S R T S B O V N X A I E D C M
O E D O R W E D R I G T O A H
K S R E M R O F R E P S A N L
O M U F Y J L C A A S P T W L
H R P Q O H E V E W O L N E E
C A K M U Q F O Y H E A J S S
I E B Y V C Z S Q O T Y C T S
I R P X T S E W E D X I R P U
L I I T E N O T G N I M E R R
G F N T U B Z A C Z Z D P E V
```

AMERICAN WEST	FIREARMS	FRASER
LET'S PLAY	LIICHOKOSHKOMO'	NATIVE
PERFORMERS	PRIX DE WEST	REMINGTON
RODEO	RUSSELL	THE COWBOY

Oklahoma City National Memorial & Museum

```
Y E G N A C C Y N E N P L G Y
H A C H E P I N W M F V W A S
G B A N O C O L W G K W D T U
U N K I E R N S O K S G O E R
E E I C G I C A N B J L G S V
Z M L T D R L H R N M T V O I
G D P T C T S I A B G Y F F V
Z E Y T L E M W S R M T S T O
L L P P Y O L U E E D E Z I R
G L T K J C Y F R H R O M M Y
F I G A G O H Q E R X J X E K
I K O M O A M A Y R A L K M R
A R P L C Y A L I S M H N H G
B O M B I N G A S R K E E E S
S R O V I V R U S P S A W O I
```

BOMBING	EMPTY CHAIRS	GATES OF TIME
KILLED	MURRAH	ORCHARD
REFLECTING	REMEMBRANCE	RESILIENCE
SURVIVOR	SURVIVORS	SYMBOLIC

Milk Bottle Grocery

```
S  P  M  P  S  C  E  C  B  R  A  U  M  S  V
G  H  L  Z  F  Q  L  X  B  U  V  W  Z  N  K
R  H  A  A  P  G  O  E  S  X  X  T  E  U  O
K  O  X  K  T  P  O  Z  A  U  I  S  X  T  W
G  C  B  C  Q  E  C  T  N  N  S  X  G  B  N
V  J  T  H  K  M  M  Y  N  A  E  A  L  V  C
E  C  I  F  F  O  Y  T  L  A  E  R  Y  P  I
Z  E  B  D  S  B  U  C  E  E  N  S  N  M  E
K  L  F  N  A  G  R  O  C  E  R  Y  H  A  M
I  G  V  R  Q  I  R  I  M  F  H  N  Q  E  L
G  N  I  S  I  T  R  E  V  D  A  S  O  U  C
S  A  N  R  C  Q  G  Y  U  B  T  U  S  P  D
Z  I  R  H  S  M  X  X  V  P  W  R  M  F  E
W  R  Y  P  N  J  M  C  A  I  F  U  L  Q  I
J  T  Q  C  H  Y  G  E  J  Q  J  B  P  Q  R
```

ADVERTISING	BÁNH MÌ	BRAUM'S
CLASSEN	CLEANER	DAIRY
GROCERY	OKC	REALTY OFFICE
SHAK	SHEET METAL	TRIANGLE

Asian District, OKC

Unscramble these words of Oklahoma City's Asian District.

1. _____ This is the heart of the city's Vietnamese scene. *ITLTE GNOIAS*

2. _____ A staple in Vietnamese cooking *HSIF UCSAE*

3. _____ An Aisan District international supermarket *PRUSE AOC YGNNEU*

4. _____ A Korean rice dish mixed with meat and assorted vegetables *BPMIIABB*

5. _____ The first wave of immigrants landed just across the state line in this National Guard installation in Arkansas. *RFTO FECFAHE*

6. _____ To honor those veterans from Vietnam and their American allies, this statue was erected. *RTERHSBO NI MRSA*

7. _____ The Asian District is located off this famous road. *LCSANSE VBDL*

8. _____You can find all kinds of Asian food here, including this popular drink from Taiwan. *BBBLUE ATE*

Lake Overholser Bridge Route 66

```
R  T  I  D  J  Z  Z  O  Y  M  I  B  Y  Y  J
R  V  U  R  U  P  C  A  C  F  Q  B  V  H  T
Y  I  Q  T  K  C  E  N  E  L  T  T  O  B  U
L  S  L  C  I  F  F  A  R  T  L  A  C  O  L
I  I  N  N  Z  D  K  S  X  B  C  M  G  W  I
T  B  A  B  S  O  E  T  U  P  P  Z  U  C  H
R  L  L  Z  Y  Y  R  C  O  J  P  C  W  Q  E
Q  E  O  W  H  U  M  S  N  Q  Q  X  U  I  L
V  K  A  W  S  A  T  M  S  A  L  B  B  F  E
Z  A  N  S  I  A  X  F  E  P  L  S  S  F  G
N  L  E  I  L  D  K  K  L  T  X  A  S  P  A
D  S  C  R  L  B  E  N  J  O  R  D  B  F  N
E  O  O  R  Z  F  H  B  N  N  O  Y  Y  C  T
S  A  N  V  P  N  K  T  E  D  V  D  R  C  D
D  Y  Z  H  K  S  D  C  D  D  T  T  S  G  R
```

BALANCED	BOTTLENECK	ELEGANT
FLOODS	LAKE	LINK
LOCAL TRAFFIC	POSTAL ROAD	SYMMETRY
TRUSSES	VISIBLE	WIDE BED

Rock Island Depot

```
X  G  C  T  X  P  U  N  A  N  C  Z  I  G  D
Q  U  F  I  O  W  O  S  F  C  Q  D  D  N  E
L  X  Y  A  V  S  B  O  M  N  A  R  C  K  N
L  B  J  L  S  G  O  S  I  H  H  N  I  H  G
Q  G  T  C  R  R  I  I  S  S  Q  H  A  N  I
J  N  A  I  D  A  N  A  C  R  T  N  U  B  S
K  L  E  E  A  M  K  H  O  R  A  H  H  U  S
Z  I  R  H  E  C  K  N  A  T  E  I  L  X  A
C  M  L  A  I  I  E  I  R  L  K  B  L  Q  N
N  K  V  H  M  S  N  A  B  I  L  A  T  B  U
D  W  C  T  T  S  C  U  R  Y  O  U  H  G  Z
W  H  S  O  F  K  O  W  E  L  R  E  N  O  M
B  J  R  P  S  D  H  N  O  I  S  S  I  M  A
N  Y  L  E  G  R  A  K  X  H  S  G  X  L  R
E  D  U  D  E  X  I  W  S  O  O  R  G  I  G
```

CANADIAN	CHICKASHA	DEPOT
DOUBLE-HUNG	EL RENO	MISSION
ONE STORY	RAIL	RED ROOF
TRACKS	TRAINS	UNASSIGNED

Oklahoma Route 66 Museum

```
T E C Y V F A A S M R E X T X
H F S B A I R P Z W U O E K Q
G P W M C H A T T E R E B T Y
U I X T A K D E C A D E S A K
O R A S T E F F U X T Z G R L
R I E M I N R T R J A F S M H
D S M I O V S D I O T I Y D T
Y A B R N O E E O W S T N F G
Y S O I E Y W K C T H A Z U V
Y C W R D K A M A S B C T N A
G N H V N G W M B G U H T N K
H P A S E E M O I T R E N K I
E I U N M E P B N I H J N Z D
L W C S D P L O E O U Q T V W
E Y V D A Z R Y T B W Y K I J
```

AGENCY	BIG BAND	CHATTER
CURIO CABINET	DECADES	DREAMS
DROUGHT	GUTHRIE	LABOR
MYTHS	OPEN ROAD	VACATIONED

National Route 66 and Transportation Museum

```
Z  W  B  L  T  A  C  P  C  K  W  D  A  A  P
S  R  P  Q  Y  U  R  R  E  G  A  G  N  E  P
E  D  T  R  A  N  S  P  O  R  T  I  K  O  W
T  E  Y  F  X  D  T  B  Q  A  H  E  P  J  F
T  T  R  A  C  T  O  R  S  C  D  E  O  U  J
E  Y  R  X  E  D  K  O  A  E  Y  W  S  X  H
N  T  C  E  Z  E  S  K  I  E  L  T  A  R  E
G  I  Q  V  C  V  P  B  W  C  C  T  M  Y  L
I  C  L  T  S  O  P  G  N  I  D  A  R  T  S
V  K  T  V  F  I  R  Y  W  Q  O  A  P  Y  G
Y  L  C  P  L  Q  Q  D  F  Z  E  A  R  S  M
G  E  M  Y  N  D  U  S  E  L  C  I  H  E  V
J  F  R  H  L  N  H  G  O  D  P  K  S  H  P
U  N  A  D  C  N  F  T  X  E  J  B  D  D  K
C  A  L  L  I  D  A  C  K  N  I  P  F  U  S
```

ELK CITY	KACHINA	MYRTLE
PINK CADILLAC	POPEYE	RECORDED
ROADWAYS	TRACTORS	TRADING POST
TRANSPORT	VEHICLES	VIGNETTES

Washita Battlefield National Historic Site

```
P V N O F E I H C E C A E P F
L E X E X J G M A S S A C R E
A D X X D E X U C K M I T O V
I I L Y Z R Y J C G D M I P L
N I R E C H A R N O H O W O K
S I A C I H P G L V Z O M D W
I V A Y H F W M E A T W J M V
N R F R K E E G E V V G B B T
D M Q Q E A Y L D M I A K I B
I Q H Q B T S E T R O T C I I
A A W J F Q S O N T C R A O G
N R R C D S N U B N A V I N B
R U A A U L E P C J E B E A M
M E B L A C K K E T T L E E L
W S U H T A I U L X T Q J C A
```

AR-NO-HO-WOK	BATTLEFIELD	BLACK KETTLE
CAVALRY	CHEYENNE	CUSTER
MASSACRE	MEMORIAL	NATIVE GARDEN
PEACE CHIEF	PLAINS INDIAN	SUHTAI

Sayre RV & City Park

```
Q F K J Q P W I O K B C A M B
W J L G K W K Y U F K B B Q X X
C F M L O J N W I L L I S S B
I F L X A L J U Q Z S S U T G
L S L O N B F F U O P A U I I
B R I C G P Y C V P R H G I O
U Z E N M E I E O S J P U I R
P T S B N W R C L U W S G R V
T U U E B E O U N L R E Y S S
X G O S I B T B T I O S J Y I
J Y H G A M B R E A C V E T T
D X H K R S B K Q Z I K W V E
R T T M B K O M W I A N I S S
Y D A N B M E A T A P G I N H
O A B O A L L K U I A W X M G
```

BATHHOUSE	GAZEBO	GOLF COURSE
J. N. WILLIS	MINIATURE GOLF	OVER EIGHTY
PICNICKING	PUBLIC	RV SITES
TENNIS	VIGAS	VOLLEYBALL

Beckham County Court House

```
S  A  Y  R  E  U  Z  P  X  P  J  A  V  D  V
A  B  X  M  T  D  J  U  S  T  I  C  E  Q  P
L  Z  K  Z  P  H  U  L  H  D  N  Z  O  Z  S
D  C  K  I  I  G  O  P  S  G  I  N  E  D  G
W  Q  I  M  D  L  Q  R  R  D  C  I  K  U  Y
Y  W  W  R  A  D  X  D  E  N  I  B  J  T  C
A  M  W  F  O  J  U  N  T  A  D  G  D  T  N
S  X  F  P  I  D  T  S  S  O  L  U  O  G  X
R  U  H  H  W  I  E  A  A  L  L  W  M  L  E
B  E  V  P  L  L  S  C  L  O  C  A  E  H  Y
E  B  N  S  L  M  Z  T  I  J  M  Q  O  S  T
Q  X  P  A  R  K  O  I  P  K  V  G  K  L  T
P  L  T  O  J  F  R  U  U  D  C  L  O  C  K
O  I  A  O  R  W  S  C  E  U  D  V  J  D  X
X  G  A  W  T  M  E  J  O  H  N  F  O  R  D
```

BUFFALO	CLOCK	DENTILS
DOME	DORIC	JOHN FORD
JUSTICE	LAW	PILASTERS
REAL WEST	SAYRE	TALLEST

Sandhill Curiosity Shop

```
M Y F G O K U Q D V E W N M H
S U Q R H M V H J I G B N N O
A F R S E I T I D D O X F K A
N E H K J F B Y D R H W L L R
D Z R Y C B R M E D N A W M D
H S A T A E D E D E H N R Y E
I X I I P N N T S O H B F E R
L J V S Q L N D M H J A P R D
L M E O S B I A E L M W W I G
R S Y I V W W Z B R W E W C L
Z A L R J A K C Z E Y S N K W
S X W U Z X W R S I L P J T P
F G P C O J J M U U E L C S S
S M R Y E L R A H B W S E Z W
K K W F D K E J Z B K U N J M
```

ANNABELLE	CURIOSITY	ERICK
HARLEY R.	HOARDER	LIZZIE'S
ODDITIES	OKLAHOMA	REDNECK
REFRESHMENTS	SANDHILL	YEE HAW

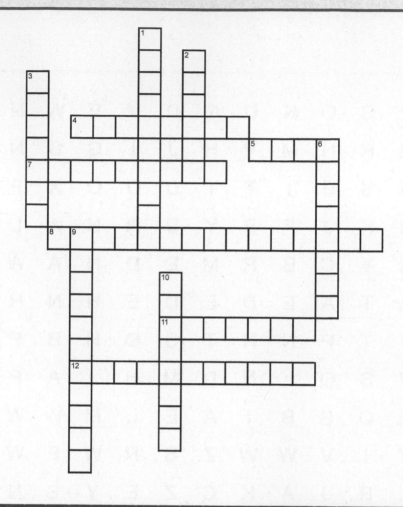

Across

4 Extraction of these natural resources is a major industry

5 Town in NM known for its arts and artists

7 This national laboratory was where the first atomic bomb was designed.

8 Cave with calcite formations in southeastern NM

11 Founded in 1610, the oldest state capital in the US

12 New Mexico's nickname is the "Land of" this.

Down

1 The first atomic bomb was tested at this missile range

2 This tribal nation occupies northwestern NM

3 Nineteen of these federally recognized communities are in NM

6 This landmark rock hill rises 1,573 feet in northwestern NM

9 New Mexico's largest city

10 New Mexico has the largest percent of this ethnicity compared to other states.

Glenrio Welcome Center

```
B C B H N Y L C G X S Z B N T
I G B X Z W O O Y M R M W Q D
L G F R D Q O I L N P O U I N
L T S Y O G P T J H T A D X A
Y C A T H N C G R T Y E S G L
T K E N K I T O S E A R C O S
H O R E Y E P O R F D M H L I
E O A M Q V H B S I G R W K K
K I T T E G E M O A K E O L C
I U E N Y L I C M N U V I B O
D L P A A T Q S F E E R M R R
W A T H H K J Y C H J P U Z B
M F P C E H J H P R V V T S N
G T J N C G A T E W A Y K X Z
O Q U E W E L C O M E T O N M
```

BILLY THE KID	BORDERTOWN	BRONTOSAURUS
DEAF SMITH	ENCHANTMENT	GATEWAY
GHOST TOWN	HIP BONE	PET AREAS
QUAY	ROCK ISLAND	WELCOME TO NM

Southwestern Ghost Towns

Mark the box of the correct ghost town fact.

1. The ghost town of **Black Rock, Arizona**, near the Virgin River Gorge in the NW corner of the state along the Utah-Arizona state line, has one boarded-up, abandoned _____ that can be seen along Interstate 15.

- ☐ A. Church
- ☐ B. Building
- ☐ C. Mine
- ☐ D. Fort
- ☐ E. Factory

2. Ghost town **Berlin, Nevada,** was founded in 1897 after finding _____ in the neighboring hills. Over 70 structures were built during the boom period and several have been maintained to this day.

- ☐ A. Gemstones
- ☐ B. Copper
- ☐ C. Silver and gold
- ☐ D. Oil shale
- ☐ E. Diamonds

3. The ghost town of **Cisco, Utah,** was established in the 1880s and served as a _____ along the Denver & Rio Grande Railroad. Building shells, old vehicles, and debris are what remains.

- ☐ A. Post office
- ☐ B. Cattle yard
- ☐ C. Rest stop
- ☐ D. Watering stop
- ☐ E. Staging area

4. The 1913 zinc mining ghost town of **Picher, Oklahoma,** suffered from a one-two punch of toxic metal contamination followed by a destructive _____, leading to its abandonment.

- ☐ A. Tornado
- ☐ B. Fire
- ☐ C. Chemical spill
- ☐ D. Flood
- ☐ E. Snowstorm

5. The ghost town of **Stiles, Texas**, became the original _____ of Reagan County in 1903. Bypassed by the railroad and a nearby oil field find, a shell of the courthouse is all that remains.

- ☐ A. Trading post
- ☐ B. Commerce center
- ☐ C. County seat
- ☐ D. Telegraph station
- ☐ E. Detention center

6. The ghost town of **Steins, New Mexico,** founded in 1857 as a stop on the Birch _____ route, soon expanded with mineral deposits found nearby but was abandoned at WWII's end.

- ☐ A. Railroad
- ☐ B. Stagecoach
- ☐ C. Trolley
- ☐ D. Telegraph
- ☐ E. Pony Express

7. The ghost town of **Caribou, Colorado,** was founded in 1870 to house silver miners. The town had one church, three saloons, a brewery, and its own _____. Fire burned the town in 1879.

- ☐ A. Jail
- ☐ B. Country market
- ☐ C. Justice of the peace
- ☐ D. Show hall
- ☐ E. Newspaper

8. Ghost town **Center Point, Texas**, in the NE part of the state, was settled in 1865 by _____ . The settlement had a brick kiln, sawmill, cotton gin, Baptist church, and schoolhouse.

- ☐ A. Freed slaves
- ☐ B. Pioneers
- ☐ C. Confederate soldiers
- ☐ D. German immigrants
- ☐ E. Mexicans

Texas

Across

2 NFL franchise referred to as "America's Team"

3 The largest populated city in Texas

7 Texas's second largest city, known for its Riverwalk

8 Cattle type and state university nickname

9 State nickname signified on flag

11 Location of Mission Control for this industry

12 US leader in production of this commodity

Down

1 Texas state capital known for its music

4 Known as the "Shrine of Texas Liberty"

5 Nicknamed the "Eighth Wonder of the World"

6 Term given to the Dallas–Fort Worth area

10 Border city with Mexico on the Rio Grande River

Conoco Tower Station & U-Drop Inn Cafe

```
B J P Q J Q Y R T K G Y H R G
U G K P A T S Y K U T B Z G V
P A C R T L E T F B R M G E T
R A P I L U T L A T E M R F I
P I N K C O N C R E T E U F B
R S W C S Z T G S N H Y P O N
E K E I G I K L H E M Q D R K
N E N L B P T C T O T Y O E S
R Q M B I H V A O N A K Y B I
O I J G E T S L S R Z D E M L
C U L V G I N Z T P M N N A E
S T K F V X V E R O E A F H B
R A K L A G O K E V U L H C O
A W E U K U C L X R G S L S V
C K T M B X G Q S G G M Z F X
```

BODY ART	CARS CORNER	CHAMBER
ELVIS ATE HERE	GREEN TILES	METAL TULIP
NEON	OBELISK	PATSY
PINK CONCRETE	SHAMROCK	SIT A SPELL

Texas Route 66
Visitor Center

```
Y D G Z F Q L F G E T R I Z Q
Y R A T N E M U C O D Y V U C
B N T B R K Y Q F W I U Z C Q
Z P R M I R X G J B Q V U E M
O T P R E A N V K U M S L Y Q
K P L L Y L N O C M M D E R E
P W L D V C Q P P Y N R K V T
M A P S C Y D J T A S H G E U
G Q U A I N T G H C Z U D U O
N B M M S N B N H Y I A Y R R
O C G B A E A I X D A X Y D N
I D Y L X P C A E D L L O G O
S P J J M K X B T B U E E T T
I I A M E F M A G N E T S X W
V H C N H O B W G K C Q O G I
```

DOCUMENTARY	GALLERY	GUIDE
LOGO	MAGNETS	MAPS
MYER'S CHICKEN	ON ROUTE	PANHANDLE
PENNY CLARK	QUAINT	VISION

Devil's Rope Museum

```
P N N V S D N A R B U H Y U B
U T Z F H E Y B S Q T M N Y R
M B M N J A Z J G I L E R K A
Y X Z E H D Y N M Y D O T P F
L A I K L G I S E D T W U U A
F I G D Z H N X I S U R N O C
M Y C R C E B L I K P E G T T
F D E N I M G H O Q M I N E O
J C A C J C H P K S M T I R R
L R U Y M C U C E C K N C Q Y
J L S D N S T L L F B O N W G
X Y B A E A A E T E C R E N U
H C R A N S A R N U Y F F Q U
F X Z W N N P A G H R N I H R
B A R B E D W I R E K E X E K
```

AGRICULTURE	BARBED WIRE	BRA FACTORY
BRANDS	FENCING	FRONTIER
GLIDDEN	LUCIEN SMITH	MCLEAN
RANCH HISTORY	RANCHING	SALESMEN

96

Palo Duro Canyon State Park

```
F Q A K C A B E S R O H T W R
G R S T I K E R O M S W A C K
R Y E F F U L V B Z E L Z W P
P R R T U M Q Q I A T D J O H
Q C F U A U S U L V O I D G Q
N V O J X E J K T K Y I X S N
H S P L M U H W R O O Q L E R
A Q P G O F L T S O C K N I L
M B H L Z R E P I W W I D S X
M T Z A R B F W S H L E G A C
O J X M W R B U J P P S R E J
C M V P N F P N L S F M T I M
K I G I S W I N G S A J A O F
S C N N W N W Z F K N Z Z X X
M Y H G E M Q W I L D L I F E
```

AMPHITHEATER	COLORFUL	COYOTES
FIREWORKS	GLAMPING	HAMMOCKS
HORSEBACK	LINEN	LUXURY
S'MORE KITS	SWINGS	WILDLIFE

Scenic Overlook

Fill in the blanks with words that you or your seatmate think are fun and fitting to create your own unique Scenic Overlook!

Nestled in the heart of Texas, Palo Duro Canyon enchants visitors with its 1._____ vistas and rugged terrain. As the second-largest 2._____ in the United States, it boasts towering cliffs that seem to 3._____ the sky. The canyon's vibrant hues of red and orange, especially at 4._____, create a breathtaking 5._____ that captivates all who behold it. Whether 6._____ along its winding trails or simply admiring its 7._____ from afar, Palo Duro Canyon offers a(n) 8._____ escape into the natural wonders of the Lone Star State.

1. Adjective _____

2. Noun _____

3. Verb _____

4. Time of Day_____

5. Noun_____

6. Activity_____

7. Noun_____

8. Adjective_____

Jack Sisemore RV Museum and Storage

```
F U G V F Y P O R D R A E T M
T A E Z W F E C H F R H Q F A
V W C I R V J B A H O Q I Y E
B A B S W F A Y N Q X U E V R
S L C M A B L N T F W M M Q T
V L X N T T W X Y O O G R V S
V Y A F H F I E I T R P U T R
B B M W X T L Z O B K P H A I
M Y Y F W R T R B R L N E R A
C A P H A A H L P D S E B D Z
B M P H G O U S S L P M B P O
Y K A Q M O K W B G R E D U N
U N H E V D O O W T E E L F S
J D S N T G F S V Q C R D Q T
N S Y U X W Z M B B N H B S A
```

AIRSTREAM	FLEETWOOD	FLXIBLE BUS
HAPPY MAX	HARLEY	ITASCA
MOTOR HOMES	RVS	TEARDROP
TORPEDO	VW VAN	WALLY BYAM

Jiggs Smoke House

```
B E P Z A D K B F U U R A E G
A B R I S K E T Q D O V F E N
R Z G M O W F N S S F C R S J
B S P G M T U B X M A N Y U I
E O A J D W O Z U S O U D O W
C S T R G S K S D T X K C H G
U A D C L O J Q N J T L Y E A
E C Q N H B R I Q K K E G K O
L P H T R L L T L K K Q R O J
J N D E X C E A S R K W P M S
B C L M E V A T U C V K W S T
V Y A M Z S T A T Z M H T U L
Z H S F S J E R K Y W U R E V
Q E P E D H V D M Y J N X D M
J Z N O W U N S M V D A X A W
```

BARBECUE	BOTCHLETT	BQ SAUCE
BRISKET	BUTTER	CHEESE
CLINTON	HAM	JERKY
KLAASSEN	SMOKEHOUSE	SMOKY

Big Texan Cowboy

```
A U S Y A W N U R P X M J K M
Q W J T P S U P H B F B P W D
A J Q W C I Z P A Y P A G E U
B G C I E B D N P Y W G D W H
S K M A N S T E A K H O U S E
F Y L L A H T E U Q N A B L V
X I L E H R W E V T B A F D U
G N I L I M S C R T S N Y S V
C O W B O Y R T K N C E K W A
E I K O E M S L P A S A C L Q
E R W U T O B A W U E T P Q P
L B D Z P W K L Q T J G Y P S
J V S T G R O I S V K G A L R
R Q U F E P D C D T N Q X P E
L O V I C H A L L E N G E C L
```

BANQUET HALL	CHALLENGE	COWBOY
COWTOWN	MOLLY S.	OUTPOST
R.J. LEE	RUNWAY	SMILING
STEAK HOUSE	STEAKS	WESTERN STYLE

Cadillac Ranch

```
S Q X U O F G H M A R Q U E Z
L K J I M U B N D H P L S H K
E B C U A C M R H P V I Q O T
H D J A A T O U I C B N M N P
C I E T H L N T X A T S Y Y M
I N T T P U I I M A N T R E T
M R N I N F U A A T E A Q L A
Y Y H I F I R J C P M L N I I
W C X A K I A Z D I Y L D E L
O K R L L G N P D T S A D V F
P G Y L F E B A E D S T R M I
Q B O T M T N Y S R V I M P N
R O H G I G W N B X V O M V S
A O N H L B T T G A W N E T R
W O B E Z Q C O M R A F T N A
```

AMARILLO   ANT FARM   CHIP LORD
GRAFFITI   INSTALLATION   MARQUEZ
MICHELS   PYRAMID ANGLE   REPAINTED
SPRAY PAINT   TAILFINS   TEN

Midpoint Cafe and Gift Shop

```
S X P Q N W Z T X X P B F H R
N A I R D A H A T Y X M R D R
L S U H Z A L C G V L Y A B T
L O U S L P L I I F Y E N U E
Q D G F T M W M O M E J H B X
S S W Z N O E R M A M L O H A
G A S Q M U L O M R W N U P S
Y E X Y N C S F I K E U S A S
W U A B U J J N D I P I E Q I
N U W N H D E C P V C I R Y I
Y J D N G V N Y O X X B E J L
H B J Q U O L N I J V O J E J
V W L O A G L C N M H X K N W
P L S T U M Z O T R S V D T Y
N T Q O E K A T B D I I H J B
```

ADRIAN	BLT	BOLOGNA
FLO	FORMICA	FRAN HOUSER
HALFWAY	MIDPOINT	PIE
SOUVENIR	TEXAS	UGLY PIE

Foods of Route 66

```
S R E G R U B M A H B C Q S L
D E X Y F H A D O S K B Q C V
J S I J W G W N B N K E Q K Q
S R M P Y L U W P O S L U Z B
W R E U S I N Y E Q T M L T V
G Q E X W G V U S Z U A U S A
R Z D T E K O C G S N Z E U I
T K X Z R B A D H T H Y D M I
T X N Y F U R C N W G I O O S
J J H F J O F Z U R U D K L O
W O R J I J V K K E O X D E C
L D X A J L I R N X D C R Q A
G P I Z Z A E W V A E A L I T
R V O L A M H D N C R E X Q K
D B D S Z I A I T E F F O C U
```

BBQ	COKE	CORN DOGS
DELI	DOUGHNUTS	FRANKFURTERS
HAMBURGERS	MOLE	PIES
PIZZA	SODA	TACOS

Corn Dog Recipe Fun

Ingredients:

_____ (Number) cup(s) of cornmeal
_____ (Number) cup(s) of all-purpose flour
_____ (Adjective) teaspoon(s) of baking powder
_____ (Adjective) teaspoon(s) of salt
_____ (Adjective) teaspoon(s) of sugar
_____ (Number) egg(s)
_____ (Unit of measurement) of milk
_____ (Unit of measurement) of vegetable oil
_____ (Adjective) dogs
_____ (Number) wooden skewers

Instructions:

1. In a large mixing bowl, combine the cornmeal, flour, baking powder, salt, and sugar. Mix until _____ (adjective).

2. In a separate bowl, beat the egg(s) and then stir in the milk and vegetable oil until _____ (adjective).

3. Pour the wet ingredients into the dry ingredients and mix until _____ (adjective) batter forms.

4. Insert wooden skewers into each _____ (adjective) dog, leaving enough space at one end to hold onto.

5. Dip each _____ (adjective) dog into the batter, making sure it's fully coated.

6. Heat vegetable oil in a deep fryer or large pot to _____ (temperature) degrees Fahrenheit.

7. Carefully place the battered hot dogs into the hot oil and fry until they are _____ (color) and crispy.

8. Remove the _____ (adjective) dogs from the oil and let them drain on paper towels.

Ute Lake State Park

```
H Y R E N E C S L Q O C K Z E
D X C J A V A O U D U R Y E W
O J S I V I Y U C C A W A R M
R L E P D X J V S P A X E X Z
W O K J B D L G E T L S N G K
G G T O P O N T E O D J N A U
N A T M F Y A R B O N I Y L Z
I N J U F T S T O N P A W Z N
H G N S S K B W D M K R C K Q
S D G J I S N Q A O M F E Q F
I D W I K O W C L P C S H F I
F D N I T Z N N Z G Q K W F K
G G W T S D E Z I R O T O M K
R F O Z K E O H O A Q X B F M
L C E H N L B N U W F S J E C
```

BOAT DOCK	CAMPING	CANOE
COTTONWOOD	FISHING	KAYAK
LOGAN	MOTORIZED	SCENERY
STATE PARK	WATER SKIING	YUCCA

Tucumcari Historical Museum

```
T  S  N  S  N  O  W  S  T  O  R  M  J  Q  A
Z  Y  O  K  D  Y  Z  Q  S  W  A  L  T  U  O
O  T  N  U  H  O  L  A  F  F  U  B  N  R  N
X  N  A  Z  Z  V  W  F  U  Z  S  E  Z  I  W
Y  J  L  M  N  N  B  I  M  F  X  E  C  R  E
R  O  E  K  U  J  E  S  L  P  B  K  U  G  E
R  J  X  S  E  R  E  O  L  L  E  C  R  G  E
A  P  S  H  P  A  D  A  X  L  I  E  C  O  M
C  D  T  X  G  X  I  E  O  M  B  N  E  Q  N
E  P  R  F  P  N  E  D  R  N  Q  Q  U  K  K
M  C  E  J  E  O  E  C  E  S  C  F  G  I  U
O  A  E  D  Z  O  V  D  J  D  Y  J  L  P  K
C  S  T  I  N  X  L  R  A  G  T  O  W  N  F
O  G  O  S  Y  O  B  H  T  I  M  S  E  E  L
T  B  Z  E  G  D  E  V  M  Y  Z  K  L  D  F
```

ALEX STREET	BUFFALO HUNT	GOLDENBERG
LEE SMITH	MURDERS	NICKELODEONS
OUTLAWS	RAGTOWN	SNOWSTORM
TO COME CARRY	UNEXPLAINED	WILLIN

Mesalands Dinosaur Museum

```
M R L L O K G R X A A B Y V U
E F Y S I O S K E L E T O N S
T C P R U F T A I V S V C C G
E R S S O R E C N E I C S A F
O Y Z W V T U S Q E M J I V N
R S Y W B W A A I Z N C P L X
I T L B Q D J R S Z F E D B H
T A S D S Y A U O O E Q C M T
E L U V Y C V P X B V D T O Y
S P T R M C F S U L A R C Q E
K D T U N S K O I I E L O N B
O Q C F O O T P R I N T S T O
Y U P X I N W V B E R S W N N
T Z D I G S I T E V V X I N T
J O M H K R R R T X J D Y K L
```

CRYSTAL	DIG SITE	DINO
EOCENE	FOOTPRINTS	LABORATORY
LIFE SIZED	METEORITES	SCIENCE
SKELETONS	TORVOSAURUS	TUCUMCARI

Route 66 Auto Museum

```
V S D Y Q E X H L N V B V V J
S S Y T O O I Z S T U A F J G
T U M D L E N O I S S A P R N
B B O Z O C O R D O V A R O H
J R I F S O Q G K R T E E O O
X H B I M I W K S A S M D L T
G N A T S U M R Q T O M J F R
Z L A N I G I R O R O C O R O
H H J J R M M R H T A T E D
I D V X Z U A C S C M N D K S
B D Q C Q T Y U E E T M T C I
R O Y Y I N C O R V E T T E S
Q D U O I J D L L V N L E H C
R L N H C Q S C Q Q W U Y C X
J M S H A V E N B I U K R Y W
```

BOZO CORDOVA	CHECKER FLOOR	CORVETTES
CUSTOM	HAVEN	HOT RODS
MUSTANG	ORIGINAL	PASSION
RESTORATION	SHINY CHROME	WOODYS

Muscle Car Match

Match the muscle car to the correct manufacturer.

1. _____ Mustang   **A.** *CHEVROLET*

2. _____ Camaro   **B.** *DODGE*

3. _____ Charger   **C.** *FORD*

4. _____ Challenger   **D.** *PONTIAC*

5. _____ Corvette   **E.** *PLYMOUTH*

6. _____ Firebird   **F.** *AMERICAN MOTORS (AMC)*

7. _____ GTO

8. _____ Barracuda

9. _____ Road Runner

10. _____ AMX

11. _____ Torino

Route 66 Welcome Center and Gift Shop

```
R E E P B C E D A M D N A H V
H M R Y L K O M O D I G F S U
Q Y P D U F C W M G I J L N P
D Z C D E L A O S G I B J O G
S E G R S O A U L O H F I R Z
J Z C Q W R H Z K C K M J P A
J X W T A A E R U C S T A A T
O J Q S L M J P A N U I B V E
H O Q P L A Z N E R A G V I N
N G Q O O Y K M Q E X V V L G
D R R K W L U M F K S A G E
E T Y I C F O S K B T P M J B
E Z S I Z I X E T F G T O A O
R B N A S B Z H I G M Q Q H F
E K N E M A T G B H R M U Y S
```

APRONS	BLUE SWALLOW	ELVIS CLOCK
FLORA MAY	GIFTS	HANDMADE
JOHN DEERE	KNICKKNACK	NAVAJO
SAM	SHOPKEEPER	TURQUOISE

The Blue Hole

L H E P U L A D A U G Y O G R
I A V Q J Z L E Z L E G N W A
B B B S R X D K O L W I Y G F
J E I Y R X T J B S V R Z O L
U R L R R G T B Z I E Y D L Q
A A X L H I U U D H E Q E D Y
B L S O S R N A C L P W V F I
S U E L R H B T O F N E Q I E
W C P Y I U A H H A P O M S J
I R Q W C H K P I C H Y A H L
M I M S H N T S E F M G Z Z M
M C T S I E E N A D U C W N N
I K I S D T O J O I Q C G L Y
N F B W R T U K U E I I F G D
G O O A E T P V S D X D I H T

ARTESIAN WELL	BELL-SHAPED	CENOTE
CIRCULAR	FISH HATCHERY	GOLDFISH
GUADALUPE	LABYRINTH	RUBBLE
SCUBA DIVING	SINKHOLE	SWIMMING

Joseph's Bar & Grill

```
M Y P T H Q N M W S C D M B V
N A M T A F E J L A A U S N X
V C H M H H X I M N Q R O K P
J Z J L B V A P D T F E P E M
A A Q R L T O I C A Z I A F H
P U L J K S E S J R M I P A W
D X E C W S S I N O W H I C H
C Z O T A H T W W S W C L B D
G C K N U A T D N A S C L U K
F C D R S S A I D K G T A L V
A I R E T E F A C K G P S C J
E I G M C I T N E H T U A T S
W Z H O M Z H F K K T X G Q J
H H V P P D U E L A T W E O D
Z Y K K G B W Z Q E S N I W T
```

ANDIE SANDIE	AUTHENTIC	CAFETERIA
CAMPOS	CLUB CAFE	COCKTAILS
FAJITAS	FAT MAN	MR. C.
SANTA ROSA	SOPAPILLAS	TWINS

Rio Puerco Bridge

```
Y L E L V B E R N A L I L L O
O F P P A R K E R I E Y H R X
N M T O T G E L W A A T T B T
H I Z D R X U K P U S T W D U
I Z N L S T S N A O L B E U P
S R N E A T A R A L M I P F S
T K C O M R N L R C E I O K L
R S V R I I U E S I U E W V U
U D P E D S L T M T S T T N M
C U K M R E O E C T R L O S J
T L A N O K J R H U U U C F Q
U C G B C C I Y E I R B T X F
R Z L W P Q L G T K L T A S U
E Y Y X O R K F U P H L S B I
F U J U T C P D T Z W O P V X
```

ABUTMENTS	BERNALILLO	EROSION
LAGUNA CUTOFF	NINE MILE HILL	PARKER
PORTAL STRUTS	PUEBLOANS	STEEL
STRUCTURAL	STRUCTURE	TOP CORD

Nob Hill

```
X  R  E  S  L  G  A  Y  K  G  P  Q  W  M  X
A  I  F  L  Q  M  C  O  E  M  W  P  V  W  M
N  S  R  E  L  L  E  S  B  K  D  R  L  M  R
T  Z  S  F  F  R  H  Z  Y  G  Z  O  D  H  E
A  K  B  X  G  I  C  H  H  P  F  T  N  D  F
Q  V  U  O  P  E  D  O  F  B  B  G  Y  H  I
U  B  P  S  F  O  O  D  T  R  U  C  K  S  L
E  P  W  R  M  K  H  X  V  I  L  W  G  T  T
R  G  E  D  A  G  U  O  L  G  C  C  A  O  H
I  Y  R  H  C  E  Z  D  Y  A  E  P  H  U  G
A  O  B  N  M  M  V  A  Q  B  C  A  R  C  I
S  A  B  O  U  T  I  Q  U  E  N  B  T  D  N
R  L  K  Y  T  W  N  J  V  Q  A  I  Y  U  Q
D  S  Z  K  N  A  W  S  L  N  D  O  R  T  Z
N  Y  B  D  Y  A  W  T  V  Q  C  Z  K  W  O
```

BOUTIQUE	BREWPUBS	DANCE CLUB
D.K.B. SELLERS	FOOD TRUCKS	GUILD
HIP	HOOKAH BAR	NIGHTLIFE
SWANK	TAQUERIAS	URBAN

Kimo Theatre

```
T G J M O U N T A I N L I O N
K E E S F T L H R L C E H L O
B P R O S C E N I U M H G B B
S H V R P T M P U R S Z F A T
K A W A A Q S W J U V N Y C X
X U J S P C Z Y O C O A S H Z
T N M X E Z O N Y L N B O E X
W T C B R M E T T G H U L C L
A I X M G G K N T D A F R H P
F N O T I W A M F A S S Q I G
Q G L D O S W M K M S T J Q M
N X N Y T W K B O L L E R L M
D I R O C E D O L B E U P M N
B Z S X G M T B W G R O Q U Y
H S L E R D N A P S Q H Y Y A
```

BACHECHI	BOLLER	HAUNTING
INDIGENOUS	KGGM	MOUNTAIN LION
PROSCENIUM	PUEBLO DECO	SPANDRELS
TERRA COTTA	TIWA	VON HASSLER

Albuquerque, New Mexico

```
L A W N P Y W N I I J Z X O I
D A H S U W N C V P M W F X E
Z C Q G F O L B E U P E F R N
C X Z O S H P Y L G O R T E P
F W S O L D T O W N G T X N I
W D R N D U K E C I T Y C N L
S T H G I L T H G I N N F U W
N Q Z P R L H Z C T T O K R E
V E O G Q W O K S B I F C D L
S E B I R T G X S O K N V A J
X L K V H R C T Q C S R A O L
X I S Y T X I S E T U O R R O
A T S E I F N O O L L A B S T
C W A Y D O W Z C D K J W N J
K E S T E V A N I C O W T Q L
```

BALLOON FIESTA	DUKE CITY	ESTEVANICO
NHCC	NIGHT-LIGHTS	OLD TOWN
PETROGLYPHS	PUEBLO	ROADRUNNER
ROUTE SIXTY-SIX	TIN ART	TRIBES

St. Joseph Church

```
S  G  R  D  Y  O  O  Y  H  W  X  N  V  G  A
P  T  Y  A  L  C  I  E  O  S  I  M  Y  B  Y
E  L  Q  B  I  L  K  W  L  K  D  M  V  Q  H
A  A  U  S  S  N  W  O  S  Z  U  N  S  H  I
F  G  R  K  Z  Q  B  L  H  D  O  Q  L  T  Z
D  U  I  L  A  M  A  O  Q  Y  V  C  L  N  X
U  N  G  W  Y  M  J  I  W  D  S  B  E  O  S
Z  A  M  S  I  P  R  I  I  Y  W  U  B  O  T
F  Y  R  N  U  E  U  C  O  G  I  P  N  M  F
L  J  A  I  Q  U  M  E  J  B  S  L  I  U  M
B  S  Y  A  S  X  I  N  B  L  Q  J  W  Y  T
I  F  N  W  H  I  T  E  P  L  A  S  T  E  R
R  S  R  A  T  S  J  X  C  H  O  W  G  P  P
P  L  A  T  T  I  C  E  F  E  G  P  S  T  F
C  X  E  R  I  V  S  A  N  C  T  U  A  R  Y
```

ANIMAL SKIN	EARLY PUEBLO	LAGUNA
LATTICE	MOON	RAINBOW
SANCTUARY	STARS	SUN
SYMBOLS	TWIN BELLS	WHITE PLASTER

Route 66
Neon Drive-Thru Sign

```
W S R A B T H G I E H I N W E
V S A N J O S E P A R K K W R
R U L W T N K E D U L Q C L F O
U Y E G T A V S R F L O Y O J
Y N L R F T I E P C H W N S M
U Y D F J F R U L D V D H A D
S R I G L R D C E A W I R E D
V G N M V N E S B Y E C B Y C
D D G U M F L L A L G R H U H
E T I L H G C V D T I A L W G
T S N X Q K R S N G I A P Y A
N I G H T L I G H T M Q W S L
Z N M M U G C T V A L A C Y A
E N T B N C A R S E L F I E L
E O Y H S T N A R G U S M N W
```

BRIGHT	CAR SELFIE	CIRCLE DRIVE
HEIGHT BARS	LITE	NIGHT-LIGHT
NMSU GRANTS	PURPLE	RED
SAN JOSE PARK	SHIELD SIGN	WELDING

Continental Divide US Route 66

```
G  J  U  N  I  P  E  R  K  O  Z  M  D  W  W
W  R  M  K  U  R  J  S  T  P  A  G  N  C  Y
F  S  E  L  S  K  Y  D  Z  I  H  C  J  N  M
M  E  U  A  Y  Y  N  O  E  I  M  Z  S  T  K
S  L  K  S  T  X  X  O  V  E  A  W  S  H  G
U  A  Z  P  K  D  X  G  L  G  E  A  A  O  O
M  Z  P  S  L  P  I  E  K  G  K  T  P  R  O
M  N  J  I  X  C  V  V  D  X  Q  E  L  E  Q
I  O  D  S  N  A  E  I  I  U  S  R  L  A  X
T  G  W  B  T  Y  L  T  R  D  D  F  E  U  Y
O  I  V  I  P  O  O  A  G  C  E  L  B  K  U
N  A  O  T  O  K  N  N  F  P  T  O  P  I  Y
N  N  A  C  E  I  K  G  N  L  B  W  M  G  Z
M  Q  A  Y  U  G  C  S  E  G  Z  Q  A  S  I
X  Y  W  M  N  I  H  J  G  O  T  E  C  B  K
```

CAMPBELL PASS	COOLIDGE	ELEVATION
GONZALES	GREAT DIVIDE	JUNIPER
NATIVE GOODS	PINYON	SUMMIT
THOREAU	URANIUM	WATER FLOW

Historic El Rancho Hotel

```
M N R U B P E H P H B X J D V
E S P E H T A V Z F J B Q X D
T N C T R O U G H H E W N Y H
U N O A H X F H W R Z O A C H
N O G T P L R P F W J R S G V
O O R W S P L I T L O G S L J
B D W T U R R Q M H V T Q S R
X B O F E E A I J G Y R P H S
Y M Y O P G T L F M D C F T N
J J O L W C A I H V P B P I G
G V A S H Y L D O S M P U F Y
E C A U F M L G N T A Q L F R
E H M O S L R L L N N I L I W
A I J E Z X Z W O X S M A R X
R K T V W N U V Z H H F G G X
```

ASHLAR STONE	BOGART	FILM SET
FIREPLACE	GALLUP	GRIFFITH
HEPBURN	HOLLYWOOD	MITCHUM
ORTEGA	ROUGH-HEWN	SPLIT LOGS

Canyon de Chelly
National Monument

```
T E C D E C J D L S V B Q W D
O W C E G D K X V L M A T R K
G F A F X E K I Y E S T Y R C
S N O I T A N O J A V A N J O
N W Q A R E E L C S F A T B R
O D O N Z F T G A E H U U F R
Y Y H C Y L G Q Z W X C K E
N R S E E S U O H E T I H W D
A N U U Q W W I M H U I K G I
C G R P H L T P N V E T E H P
E S U L M U M M Y C A V E H S
E P I I N O S R A C T I K X B
R O N F S N T M D E R C A S U
H R S T B Q S N A O L B E U P
T C E V I E G P J B F J H H Z
```

CROPS	DEFIANCE UPLIFT	KIT CARSON
MUMMY CAVE	NAVAJO NATION	PUEBLOANS
RUINS	SACRED MTNS.	SPIDER ROCK
THREE CANYONS	TSEYI	WHITE HOUSE

Arizona

Across

5 The state's MLB franchise playing at Chase Field

6 Much of southern AZ is made up of this climate

8 This national park is named for its deposits of fossilized wood.

10 This depression is 50,000 years old and 3,900 feet in diameter.

11 Became the last congruous state admitted to the Union on this day in 1912

12 Carved by the Colorado River, it is 277 miles long.

Down

1 Home to the University of Arizona

2 Town known for its numerous red sandstone formations

3 MLB teams playing in Arizona for spring trai

4 Once spanning London's Thames, now foun Lake Havasu City

7 Twenty of these Native lands make up one-quarter of the state

9 Arizona's Capital and fifth most populous cit US

Petrified Forest National Park

```
W  G  A  S  R  U  A  S  O  T  Y  H  P  H  Q
L  R  S  S  I  J  T  F  J  Z  N  J  V  S  P
A  L  E  H  A  W  U  F  A  S  H  U  A  S  R
I  P  M  O  P  R  E  N  W  M  N  C  P  F  Q
Y  T  E  X  A  Y  A  P  E  K  A  A  U  X  F
P  J  U  L  A  M  L  T  P  T  L  A  U  B  B
X  V  L  K  A  U  S  G  O  E  H  R  A  W  Z
D  Z  B  D  X  Y  R  N  O  S  T  R  D  X  J
Z  R  A  C  S  Q  E  N  D  R  K  S  V  Y  K
I  A  S  O  D  C  T  N  P  R  T  Z  V  Q  Q
Z  C  C  B  M  O  A  T  A  X  G  E  I  Q  T
L  E  F  S  L  L  W  N  C  F  Y  J  P  A  Z
K  T  B  O  D  A  G  I  Q  V  O  I  P  P  F
P  Y  G  A  N  E  F  C  I  S  S  A  I  R  T
Y  Y  B  P  R  O  N  G  H  O  R  N  S  E  U
```

ADAMANA	BADLANDS	BARK RANGER
BLUE MESA	ECOSYSTEM	PALEONTOLOGY
PETROGLYPHS	PHYTOSAURS	PRONGHORNS
SACATON	STEPPE	TRIASSIC

Standin' on the Corner Park

```
N P O X Y T I F H C E Z A D X
K Q H G R E B D N I L A Z V B
Q G D V T U N N E L S J B Q O
V O L L Y E V R A H D E R F R
H V T E J D Y W P M S H M S A
O G T A N E B R O W N E E B I
R O U X K N A R M L K T V O L
L R N P O E F G N Y S R U L R
B H A W N Y I R L T V N N T O
G F O T N H V T E E K C I J A
N D A E Y Q O C E Y S L O W D
A L D D E F H J V A B C U D C
V R F E A Z V I S S S Z C G S
D R O F D E B T A L F Y Q Z W
C O X X S A D A S O P A L M Z
```

BROWNE	EAGLES	FLATBED FORD
FRED HARVEY	GLENN FREY	JOHN PUGH
LA POSADA	LINDBERGH	RAILROAD
TAKE IT EASY	TUNNELS	WINSLOW

Traveling Songs

Match the song to the correct artist or group.

1. ____ Born to Be Wild   *A. VANESSA CARLTON*

2. ____ A Thousand Miles   *B. BRUCE SPRINGSTEEN*

3. ____ Traveling On   *C. STEPPENWOLF*

4. ____ On the Road Again   *D. PASSENGER*

5. ____ Take Me Home, Country Roads   *E. WILLIE NELSON*

6. ____ Traveling Alone   *F. JOHNNY CASH*

7. ____ I've Been Everywhere   *G. KONGOS*

8. ____ (It's a) Long Lonely Highway   *H. TOM COCHRANE*

9. ____ Life Is a Highway   *I. ELVIS PRESLEY*

10. ____ Born to Run   *J. JOHN DENVER*

Miz Zip's

```
A M R O R L N U Z X J U F P B
W P J S V W Y K D V H U Y P Y
R E U H Z N J R R O N L B P E
B T A P Z H A S H K N S S M I
D T M E P N Z K Y C R U R E P
J E Z A O N D I T B F N T J E
Q L K E O O D P P A E G T S L
T E L X W S O M T B E Y O A P
R M R P W T C Z N U U S D I P
E O J D X A C V Z Q M R T G A
T B P J F L V Q J F G W G E X
R O P E B G B X D J I D A E L
O S G Z L I L Y N F G N V F R
G Q G C J C U Z Z K W X P E W
I H J I V R E I L E D N A H C
```

APPLE PIE	CAFÉ	CHANDELIER
DONUTS	FUNKY	HASH
LEONARD	LET'S EAT	NOSTALGIC
RETRO	SOB OMELETTE	ZIPBURGER

Mother Road
Brewing Company

```
L V V K N K K D O T Z R Q Q D
J G T D E Q P B N C I T R U S
N S N C E C J E L R L R N P R
P U D N W H M J U X Z Q U S E
X N M O O R G N I T S A T I V
D D O P E I X K M C U K K X I
A A S F D C T G A T C Y Q O R
B Y G Y B E L A I W U B U N D
W D B U R V R B T G A R N B Y
Q R I J J E R J Q S U U O E L
X I Y N L B W N E V R E J M I
Z V E T X S K E K U D E W O A
D E U O Q U P S R R P M W T D
D B I G I P A M C B A B C O Q
B R X E R E E B T F A R C W T
```

ALE	BREWERY	BUTLER
CITRUS	CRAFT BEER	DAILY DRIVER
FERMENT	HOPS	IPA
SUNDAY DRIVE	TASTING ROOM	TOWER STATION

Route 66 Dog Haus

```
G A L F T S A E J J L C L S R
Y O N B U R R I T O X P B M K
E Y A G V R J H I I A C T T X
N J Q U A T U S H S K B M X N
O L Q G K N F E T A C V T H O
L V V C N X O R F M U U E O P
A U W C T I A F U R R X D T G
B U F T L M L L N V T I W D J
Q P B E I J C E N F A P E O N
T F U F C Y N C E M T P M G I
C Q R D X A D M L F O Z A S O
Q F G V D D E I F T Y G R J O
W Y E Q N O J P R T O S F P N
X G R X B P R T Y U T Y A D C
F K S B W N V P S J W H W E D
```

A-FRAME	BALONEY	BURGERS
BURRITO	EAST FLAG	EASY FEELING
FUNNEL FRYS	HOT DOGS	MCELFRESH
PASTRAMI	PEACEFUL	TOYOTA TRUCK

Walnut Canyon National Monument

```
T R G N I L L E W D F F I L C
K A I B A B L I M E S T O N E
H J D I L A J H Z S J U K Y M
M B H S W R D R M I Z S K L O
G L E L A Y B A P G B I L Y R
P A F A L V P N V Y T N U S Y
O C T N N M O G X Q C A W A R
T K E D U S B E V C G G D N P
H W Q T T Q A R C Q W U R D I
U A L R C W Z C Y V B A V S U
N L P A R L I A R T M I R T B
T N P I E M A B H T F A K O U
E U H L E Y Z I C I E Y S N J
R T D T K B X N H D L C N E V
S E F I T G O S H A W K N E J
```

BLACK WALNUT	CCC	CLIFF DWELLING
GOSHAWK	ISLAND TRAIL	KAIBAB LIMESTONE
POT HUNTERS	RANGER CABIN	RIM TRAIL
SANDSTONE	SINAGUA	WALNUT CREEK

The Museum Club

```
W Y E D O P X P N U A T A N S
E G M B K X C I N K M A M V R
V F E M H S G O R F X X D E L
G U Y A U H Z N E Y V I U N N
R O C T T S F C S U N D F U A
F J F C A I I R I I O E E E A
T C L L T T O C S A N R O H T
R U E L D R E D G E V M R O S
B M Y R S I T U H A J I M O S
R S W J J B M O B Y B S J Z S
F F A T S G A L F R R T B E D
S I L A N R L X L X G U V H B
R N I B A C G O L U L O B T H
E C N A D O W O R N G L D O I
L E S S O N S W O Y D U E S H
```

FROG	NIGHTCLUB	FLAGSTAFF
DANCE	TAXIDERMIST	ELDREDGE
MUSIC	LOG CABIN	THE ZOO
LESSONS	THORNA SCOTT	VENUE

Hot Dogs on Route 66

Match the hot dog establishment to the state.

1. ____ Coney I-Lander   A. *ILLINOIS*

2. ____ Cozy Dog   B. *MISSOURI*

3. ____ Dog Haus   C. *KANSAS*

4. ____ Dog House   D. *OKLAHOMA*

5. ____ Henry's   E. *TEXAS*

6. ____ Instant Karma Dogs   F. *NEW MEXICO*

7. ____ Moe Dogs   G. *ARIZONA*

8. ____ O'Doggy's   H. *CALIFORNIA*

9. ____ Pink's

10. ____ Steve's Hot Dogs

Grand Canyon Railway & Hotel

```
S U G C S B L W C D U T B E L
R P E Z Y Y I P S T I D N A B
E Q U G N L U M X E D R F M X
S V O S L K J M S C S X F F G
N N I I A N I T A M I N E S B
E V A T L Q W F L Z R F C M K
P M R A O A U C I N E C S U N
S F P Z E M F N N T M J M S Z
J J N F F D O C E S I O J I L
D I D A K T L C P I R U L C B
G T Q M M G T C O T H R M I L
Q F E G G L V Q O L T N B A P
N I U N P K L Y L S U E S N P
Y W N O N X K U F E O Y N S T
U N V V E I A O P F S U F X I
```

ANITA MINES	BANDITS	BYGONE
JOURNEY	LOCOMOTIVE	MUSICIANS
PULLMAN	SALINE POOL	SCENIC
SOUTH RIM	SPENSER'S	WILLIAMS

Grand Canyon

Across

4 At its widest point, the canyon is 18 miles ___.

7 The Grand Canyon National Park has almost 5 million ___ every year.

8 The southwestern portion of the canyon is bordered by two ___ Indian reservations: the Havasupai and Hualapai Indian reservations.

11 The Havasupai are an American Indian ___ that has called the Grand Canyon home for centuries.

12 The oldest ___ at the bottom of the canyon is close to 2 billion years old.

Down

1 The visible ___ of rock in the canyon walls provide valuable geological information.

2 John Wesley Powell led the ___ expedition through the canyon in 1869.

3 The Grand Canyon became a ___ park in 1919.

5 This enormous canyon is located in the northwestern part of the state of ___.

6 The Grand Canyon is a UNESCO World Heritage Site; UNESCO stands for ___ Nations Educational, Scientific, and Cultural Organization.

9 The Colorado ___ runs through the canyon.

10 The Grand Canyon is a ___ deep.

134

Grand Canyon Caverns

```
G R S T A L A C T I T E P B T
U P A R A M Y L O D O N O Z K
G N O S H W Q B V N Y U P K A
A Z D I G A A S Q G Q E Z K E
O Y T E S K X L O V A I T C Y
A P A Z R G H L T C M I L Y M
S Z G M U G O Q H E A A N S X
N S K X P E R S L P R G D F I
R M J B G A P O A K P P Q A M
E X L Q D R I L U D Y Q E I D
V X S H I Q A D B N F F W C S
A Z Q N D U V J Z G D I A U K
C B G O H L L Y S L I S S O F
C S S T A L A G M I T E O I H
R Q X L L Y G O L O E L E P S
```

CAVERNS	FOSSILS	GEOLOGY
HUALAPAI	PARAMYLODON	PEACH SPRINGS
SPELEOLOGY	STALACTITE	STALAGMITE
UNDERGROUND	WALTER PECK	YAMPAI

Cool Springs Station

```
W B T R B X P T R Y H X X E G
G C V R B U P F H E L C T D G
U F A E V U U U K D H T N A Y
N R N H Y B N I C K U A S Z S
G E D N F Q W L I B H S U S S
W S A E R I O C E L T T W P N
T T M O D X L L E A I Y S I G
L S M H Z Y B U T Z I F N D F
Q T E C B M C I C N P O T E C
K O O S I H O P D I S O M L M
B P K H T N N D T N O D K L X
H Y T N L M A B A D S S C N A
D E E N T I A C C M D I A R R
M R S W A L K E R Q H L L N Z
P A V C M S I P B O R A B R E
```

BLACK MTNS.	BLOWN UP	GAS STATION
LEUCHTNER	MRS. WALKER	REST STOP
SCHOENHERR	SNACKS	SPIDELL
TASTY FOODS	THIMBLE BUTTE	VAN DAMME

Hackberry General Store

```
P D L O G F O S N I E V V D K
F C P A Y P H O N E U A R D Q
M I D R A H C T I R P T W Y N
T X S A P C F E S B J W M E O
Q Y R O M M T H T P P O Q N V
C S F Y L Y O L P S C P S O C
G L P I I S F T M X C U F M T
T Q F M O T R R H S T M L R W
C S I N U A U E A E Y P V E D
V I L S A P N W K N R S J P R
Y U L R A M S H A C K L E A G
V J M I J S Y A I A I L O P B
U W O O T C M C G Q R T I D B
G C R C N V Y Q X H E A S N E
Y K E A P M B I L L B O A R D
```

AMY FRANKLIN	BILLBOARD	FILLMORE
GAS PUMPS	MOTHER LODE	PAPER MONEY
PAY PHONE	PRITCHARD	RAMSHACKLE
STICKERS	TWO PUMPS	VEINS OF GOLD

Arizona Route 66 Museum

```
I P O W E R H O U S E E X C G
A T N I A R T L E D O M V A I
O C X S E I R O M E M S V R T
C G R K K G D K H K E L Y L E
N N T E D R E V E T N O M O J
S A B N E X D J U X U E E S U
Y G T H O T Y O I G R V E E I
N E L E C T R I C C A R S L C
A H C H W E X X I J G G L M E
M T U I D N V G Y L U L C E F
G W G A B C I S F E B R S R C
N J R B H E N I V E D Y D N A
I T S Z E Q X X O S A P I J Y
K E C A F R U S T U A X M C J
X H P W I J P G I F V V R E W
```

ANDY DEVINE	CARLOS ELMER	ELECTRIC CARS
JUICE	KINGMAN	MEMORIES
MODEL TRAIN	MONTEVERDE	POWERHOUSE
SURFACE	THE GANG	TRADE ROUTES

Oatman Jail and Museum

```
S R D X R E Z I M J W V Q F B
R D E I R G O L D M I N E L E
O Z S E S O R R U B S T O R X
W G E P S H O D W V O G C Y H
C X T P C L U V Q H S G R I I
H K M X S R U K S S Q E F B B
K Y N L L T N N O O D N R O I
F J A I L N U T F I W P R D T
I X N U A G T O R B O P X O M
T B H M S I Y T T Z Z G W N U
W L T J U Y S I J O W I F K T
Y A G C K O R A U C O U S E I
O H S X H Y N B F R B H O Y A
R I N G P I A F F Q O B S S S
B M P O C I A X N V A H P A T
```

BISCUIT TOSS	BURROS	DONKEYS
DURLIN	EXHIBIT	GHOST RIDER
GOLD MINE	GUNSHOT	JAIL
OATMAN	RAUCOUS	SHOOTOUTS

California

Across

2 Known as the "Avocado Capital"

5 National park known for its heat and low elevation

7 World's largest tree by volume

8 Location of the California State Railroad Museum

9 Tallest mountain in the contiguous United States

10 California state motto

Down

1 California's namesake

3 Largest county in the United States by area

4 Military aviation museum in Atwater

6 Popular theme park known for its giant castle

El Garces Hotel

```
L V D S A N T A F E R R V Q H
S U R E S T O R E D R K M H A
E W E H X V K Y W P G T E H R
N G E L P M E T K E E R G M V
B Y G R E F Q D M Q G A C D E
S R A A U W R I Y F R Q J Z Y
Q A U S N T E A N R X V P H G
J N Q A Q D C J N E Y I A T I
I O N B E C D E N C E C K K R
B I P P V K E A T W I D N L L
Z S I L F A A U R I O S L J S
T S E D A C A F R T H R C E O
S I E C N A G E L E B C C O S
B M N E Y Z Y Q B X T I R X J
W Z M V J H V V X T T Y S A S
```

ARCHITECTURE	CROWN JEWEL	EGG AND DART
ELEGANCE	FAÇADE	FRANCISCO
GREEK TEMPLE	HARVEY GIRLS	MISSIONARY
NEEDLES	RESTORED	SANTA FE RR

Summit Inn Sign

```
K R A Q S S A P N O J A C P Q
Z W W M Z X S A I K V T W T H
I J Q F E D J E L P R R S N I
O M I C K E Y S U E B E P U L
S T E V E N S B G Q Y A D N D
P I T B U P U W A N C C U D A
E R I F T U C E U L B H A T F
K A H P T C B O R E D E R Y I
Y T C G N D A O F G H R E X S
E E I N S U R A N C E O D K H
F E R F V Y Z Y Q X V U N M P
Z L T C S D J W H A P S E Z F
F V S E H O B W U Q P Q O R U
D I O P S L L I H K A O N S J
K S G N I K N I L B M S R D W
```

BLINKING	BLUE CUT FIRE	CAJON PASS
HILDA FISH	INSURANCE	IRATE ELVIS
MICKEY	OAK HILLS	OSTRICH
RED NEON	STEVENS	TREACHEROUS

Scenic Overlook

Fill in the blanks with words that you or your seatmate think are fun and fitting to create your own unique Scenic Overlook!

At the scenic overlook in Essex, California, visitors are greeted with 1._____ views of the surrounding landscape. From this vantage point, you can see 2._____ of undulating desert terrain, dotted with Joshua trees and rugged 3._____. In the distance, the sun casts a golden 4._____ over the 5._____ mountains, creating a mesmerizing scene that stretches as far as the eye can see. On a clear day, you might even catch a glimpse of wildlife, such as 6._____ or 7._____, roaming freely in the 8._____. It's a truly unforgettable experience that captures the essence of the California desert.

1. Adjective _____
2. Plural Measurement_____
3. Noun _____
4. Noun _____
5. Name _____
6. Animal _____
7. Animal _____
4. Time of Day_____
5. Plural Noun_____
6. Noun_____
7. Noun_____
8.Place_____

Roy's Motel & Cafe

```
L E O D A E H W O R R A U Y Z
V N W O T M O O B H W G A U Z
W T J L Z J U G A U E T K K U
Q R S R F K U S O W M E C N R
O E U V F Q N K I G K Y N E A
A S N L S W T G J C G R I K L
T E S T W P Q P I O V I S C B
O D E T C O X N U S V I E P E
L E T G V Y R H O T N S D D R
B V S N K O U C C D P O S E T
U A Q U Q B C Y Y Q D G E Y O
R J F I L M S H O O T S G N K
R O V M R A Z J R K R V I Q U
I M P C C C T F I T S L Z S R
S J P E B C R Z Q O Z A T G A
```

ALBERT OKURA	AMBOY	ARROWHEAD
BOOMTOWN	BURRIS	FILM SHOOTS
GOGGIE	MOJAVE DESERT	MUSIC VIDEO
NEON SIGN	ROY CROWL	SUNSETS

Amboy Crater

```
Y I I I T D Q S K Y L J W P B
D D A E H L I A R T X X L Z E
O V D B P A H O E H O E H S F
R Q S B V S P M B X I F Y Y D
M T Y R B L Q B S S K M W J C
A Q A V U A W E T C M B Z I E
N D M M P I Y O X E J A N S Y
T E Y A T N C J T P P D T L B
Q N V G R E Y R B A E B R A Y
X O O L N S I U U R O R S Q L
L D L E G C R B C E F A L X V
W N C H A Z W O M I L L U U A
H A A L H Y N F V T L A V A J
F B N I E E G X I E R H P E T
B A O S A H W C L J R U F R B
```

ABANDONED	BASALTIC	CINDER CONE
DORMANT	LAVA	MARS ROVER
PĀHOEHOE	PLEISTOCENE	SYMMETRICAL
TEPHRE	TRAILHEAD	VOLCANO

Bagdad Cafe

```
N T V P O T S T I P B Z S U E
C U H O S P I T A L I T Y K Z
V R M K N I D Y H D N J N C M
F R M P Q E E Q O M C F O J N
I I A M E V W O U X K U V V O
N A S D B S I B I I G G E C L
D O T H Q Z N B E C R M L P D
I Z Z N B Q D D L R R K T X A
E F S J D U E L A N R A Y F Y
F O S D I M R E Y N V Y S J C
I C Q X V G Z G S K R L H G R
L V A G E B G H E T O M O F E
M Z F U B K N H M R S O P O P
Q I R H A B X K T K W U K U D
E V Z S R S O D K O M M M I R
```

DIVE BAR	FISH BURGER	HOSPITALITY
INDIE FILM	KOOKY	MUST-SEE
NEWBERRY	NOVELTY SHOP	PERCY ADLON
PIT STOP	QUIRKY	SIDEWINDER

Zzyzx Road & Mineral Springs

```
Q G T F W N H R G L J P Y D I
N Y R S T T U E N D A E J Q C
N A O T Z F R G J T Q A S F H
X D S W E L L N E S S L V I E
S E E W Z D M I E V A J O M M
T S R L Y F I R S D O B Z H E
R E S G N I R P S A D O S B H
G R Z K F S A S A Q Y K R X U
N T K W K C C S C B A K E R E
I S S A Q F L I U F H V T M V
D T M B Y A E T B T Y W S A I
R U V A I S C R Z Q Q V K W C
I D E Q H B U U X T Y F C L J
B Y P Q P R R C E S S Z U E T
M Q W R H A E X M O P C H Q C
```

BAKER	BIRDING	CHEMEHUEVI
CURTIS SPRINGER	DESERT STUDY	HUCKSTER
MIRACLE CURE	MOJAVE	RESORT
SODA SPRINGS	TUENDAE	WELLNESS

Calico Sign

```
T D N W Y F J R H O W H Y W I
T E Y B C D X T G I S Q G T U
N U V V T O V L K U R S B T S
U E Z V B S H Q R A M L K O N
A V S A N B E R N A R D I N O
H Z F G P J E W G E E Y T K O
T Y T W B V T G D E D P S S L
S Y B H L C I C O L N D E I A
O L M I M E F E O F I A W G S
H C S T S U B M F O X W D N C
G S N M V C B P M H I A L R A
V V I Q J O D R T Z W C O H A
H N A S R A E Y E V L E W T C
E Q D A O Y L B W J Z G E R P
R S X R Q S Y L Q B O K J H C
```

BORAX	GHOST HAUNT	KNOTT
MAGGIE'S MINE	OLD WEST	SALOONS
SAN BERNARDINO	SIGN	SILVER RUSH
TWELVE YEARS	WILD WEST	YERMO

Ghosts of Route 66

Match the ghost on Route 66 to the place that is haunted.

1. ____ Abraham Lincoln

2. ____ Bell Mile

3. ____ Bobby Darnell

4. ____ Captain Lewis

5. ____ Civil War Soldiers

6. ____ Eve or Eva

7. ____ Honeymoon Couple

8. ____ John Bayless

9. ____ Lucy Lane

10. ___ Rose

11. ___ Thorna Scott

A. BELVIDERE MANSION

B. BISSELL MANSION

C. CALICO CALIFORNIA

D. CIGARS AND STRIPES

E. HOTEL WEATHERFORD

F. THE INN AT 835

G. KIMO THEATER

H. THE MUSEUM CLUB

I. RED GARTER BED & BAKERY

J. SPRINGFIELD, IL

K. WILSON CREEK

Route 66 Mother Road Museum

```
U K Y O S K K Q R F W D I G D
Y A U D E H G L L A B N I P N
S R K S E U P H J X Z Y B R O
C T D N F S C A J J S M F G P
B M Q B N G E R R O E E T U H
R A A T P P R R W G O V Y A S
E V N E E W Q X T G O S N V I
E S U O H Y E V R A H T S Q F
S Y F B A R S T O W F C O T A
X S E S S E N I S U B A O H Z
Y X R Y M B K Z O C M F J D P
V A H V R C S J C G B I N Y Y
P C G R A P E V I N E T A N I
R O O O W A Y A N B C R S M B
M S S N K F F S V E U A A K R
```

AMTRAK	ARTIFACTS	BARSTOW
BUSINESSES	DESERT	FISHPOND
GRAPEVINE	HARVEY HOUSE	NASA
PHOTOGRAPHS	PINBALL	W.A.R.M.

Elmer's Bottle Tree Ranch

```
V C N Q F W R N H X Y F R A U
H T O P B O T T L E S K G J T
Y R C K C I X R N H F O D I T
T D E W E M X G Z H T W Y W N
I O G T L V L B M I X W O B S
U I N M I A A C K T Q H L K A
D C C M S R W G N Y U P A Q K
G O G S S W W A G N O L P M O
E E S B I T X E D G U I T A R
E L L N M K S R P Z I X Q H A
S L C B P J E E I Y S I A B R
E I H X I D R T R W T D C I R
K O O I V A O W D O P A V P S
O T I J K K K A I W F Q E B V
W T X E D N A R G O R O B D I
```

BOTTLES	ELLIOTT	FOREST
GEESE	GLASS	GUITAR
LONG	MISSILE	ORO GRANDE
RAKE	TWO HUNDRED	TYPEWRITER

California Route 66 Museum

```
U  R  U  L  O  V  E  B  U  S  L  X  Y  G  B
Y  I  V  N  O  E  L  L  I  V  A  L  U  H  U
A  S  L  I  G  G  P  R  U  Z  P  Z  A  Z  K
W  Y  T  V  C  V  M  L  E  K  R  M  R  A  S
H  N  T  D  J  T  B  O  N  E  E  E  I  P  T
G  V  L  J  Z  J  O  Q  D  R  E  L  Z  N  N
I  Q  E  W  Z  H  J  R  I  B  I  S  J  T  E
H  W  D  I  O  C  O  C  V  B  T  D  A  J  C
B  N  O  G  O  O  A  A  A  I  D  X  B  B  O
E  W  M  K  S  N  H  R  B  F  L  H  O  G  D
W  K  O  T  A  I  O  I  L  S  C  L  O  P  P
O  D  E  V  A  M  H  C  W  Q  J  L  E  F  R
F  R  B  I  E  X  C  W  H  I  T  R  C  R  C
V  S  O  M  E  E  Q  C  H  K  B  T  N  J  G
H  A  R  D  W  A  R  E  C  U  L  T  U  R  E
```

AMERICANA	CULTURE	DOCENTS
EXHIBITS	HARDWARE	HIGHWAY
HULA VILLE	LOVE BUS	MEMORABILIA
MODEL T	RED ROOSTER	VICTORVILLE

Mitla Cafe

Unscramble the facts about this iconic Route 66 restaurant.

1. _____ Mitla Cafe was started in 1937 by this woman and her then husband, Vincent Montaño.

   CILUA GRUDOREZI

2. _____ Many famous celebrities have been served, including this famous civil rights leader who held meetings here.

   SARCE VCHZEA

3. _____ This restaurant has served as a vital hub for the Mexican-American community in what California city.

   NAS NDIORRAEBN

4. _____ American hard-shell tacos were invented here, and one frequent customer and cross-the-street hot-dog-stand owner went on to establish this fast-food chain.

   CTAO LBEL

5. _____ It played an indirect role in this public school movement.

   GDGTNESREAIOE

6. _____ Many people go there for these freshly made staples.

   LSROTITLA

Santa Monica Pier

```
G A L T P A C I F I C S A J M
N Q T G P C A L I F O R N I A
K B H H D C L S S B M L L N
R T E S N U S A D O O J D I K
R E E A X A L N B C K R Q F Z
E A N S C O Q T E J G U W E I
I C D O P H C A K C G M O R O
P N X O M G N M O C Y M S R I
K L A W D R A O B Z S C E I I
Q O I X Y T M N P X T J D S Y
K A G N I N N I G E B A I W F
C H B R T Q N C U O C I A H I
X M E O A M W A P L S S X E E
S P I R I T U A L E N D S E Z
J Q J T J F L G J E C X T L U
```

A BEGINNING?	BEACH	BOARDWALK
CALIFORNIA	FERRIS WHEEL	OCEAN
PACIFIC	PIER	SANTA MONICA
SPIRITUAL END	SUNSET	THE END!

Answer Key

Historic Route 66 "Begin" Sign

Illinois

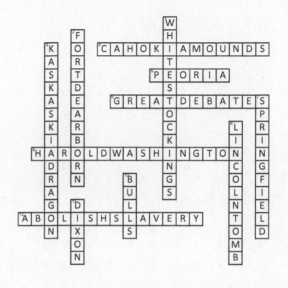

Illinois Brick Road

Dixie Truckers Home

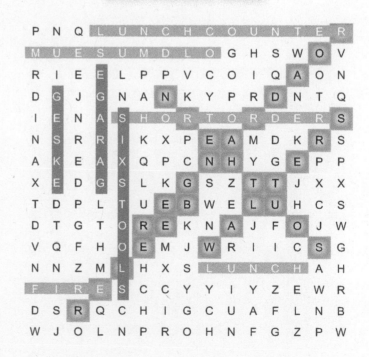

Answer Key

Old Joliet Prison

```
D S U T V H Y V M H O O A L H
R O R B W B E E C I X X M I Q
W P R E O G A P P V R I D A G
H G S O H B D B A A P U V Y G
N U E L T T D G Y T C L T H L
X F T Z L H O Y X F I S L V R
U B A W H E E R L J A T E A G
W X M W M P C A B A A C I B E
D Z N F M B D F D S N N E S G
D R I O T I N G Q I E L T U R
B E O L M O V L G Q X U H Y U
B Z U K U I C S Y H K M L T E
Q S L U Z Q E V U F C G P B T
J O L I E T A B Q N L G E K F
H Y R A I T N E T I N E P Y X
```

Joliet Area Historical Museum

```
N X G L A M R O N A R A P X T
A Z T F S A C B N R O T P Y F
I X E B L N W Y E U N L Y R C
N K E G P G Q E S S A C E B M
E H R K B O H X A N S H N A V
V A T F T A E O I D C F W N G
O Q S L C L D N S A S I S D A
L H A V U M S V B T L Y I T W
S I W P T E D N L L S J D I U
R J A E K W E O C C V A F E S
V R T J Q R B O H P F V E U O
H P T P H U U U R M X W T E E
T N O E O N R B Z F O F Q D Q
W D F H T C D R J G E P I X U
D C M Y H D H K B C D S M X V
```

Midewin National Tallgrass Prairie

```
Y Y Y E E S N O P U A W S Z P P
X Q P R U S C X D B V R W O W
J S A N I S H I N A A B E T I
O A R O G A L E P I H C R A L
N R A E I E W I K A Y I F W D
S R L T W A E I R I A R P A E
H N N N L O Z T D N D V M T R
I A O C S Y L L H N K T I O N
R P S I A W O F A W W W Y M E
I A I X T P T L D Z M Y H I S
A T B S O I S U W L W S R E S
U X T E F S N O L M I P O J X
B L L Z A E F U G O W W S Y V
Q U Z R X N X T M I B R W M F
Y Q G R D L T A L L G R A S S
```

Gemini Giant

```
H F E N J N U E Z X W A M D O
J U W B A F I B E R G L A S S
Y G U B N M O X T R O C K E T
H T U O N I R E Z N G V P M J
W C J M S N C E M T S Q G D C
I P D A R I D E L I G H T N Q
L F K K I N G T Z F V X J U C
M C O X Y A Y A E C F P Z F P
I H R W T M G S L O Z U U O U
N P E P R E K R A B K S M G O
G W L L E C Z I I N I M E G U
T S C I D A P H C N U A L H E
O Z F C I P N Z B Z I M S A D
N V P P V S U M B L T W O S Q
S M G I S N K R C E J P V B Y
```

Answer Key

Polk-a-Dot Drive In

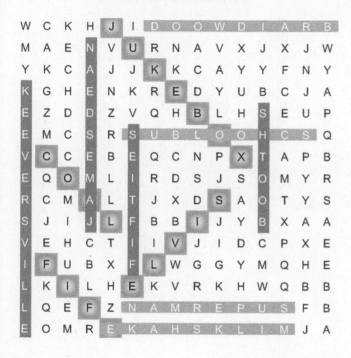

Female Actors in a Leading Role

1. E
2. I
3. B
4. A
5. A
6. H
7. D
8. G
9. F
10. C

Standard Oil of Illinois Gas Station

Ambler's Texaco Gas Station

Answer Key

Old Log Cabin

```
L X P Q Y N R E A G A N N G U
W B C E L F B J N Z M E L T S
U H S H O M E C O O K E D R S
U O P T E H R B V V H G B X S
W T K J O E V A D C Z B V M Z
V T C E P V S S P I R I T S L
O R Z C V O D E Q V Y O C O K
J A Q O A F N K B H H I G S D
F I P T A B N T N U T C G K R
B N V A H G I U I S R I F F W
B O G Y T E V N U A R G M Q Z
H R M D J I F R F U C A E P T
P S Z P O C O T K N E X N R Q
L O O H C S D L O N S E I D H
P M Y M D C T V L J U O P P L
```

Lexington's Route 66 Memory Lane

```
Q M A S A A L Q V Y N D W F E
V X O U N T E L I M E N O A K
P W N S B L P L G C B J L F G
G L E P K S L B S C I B M Y B
Z V H M J E O P B I L A I S T
E Z C N W R L D G W L N H N Z
N M S X G X V T O L B N T G T
S H A E Z E N H U N O U L I D
O M P D D A S H G A A A Y S U
U B Z A H R A F Q D R L G E J
A O R P A H H E N R D D L V T
L A E C B S N A K E S A N A S
P L E S C Y W O H K J F W H W
E I Z L A O K I I G C D N S Q
V P N P T J N R E U N I O N P
```

Road Trip Hangman

1. Automobile

2. Road Trip

3. Destination

4. Scenic View

Funks Grove Pure Maple Sirup Farm

```
F C K J K A S O W S J O N G P
I S S L V L M W Y O G L N K N
J L C M A A G R E P K S W E U
A I A K O R U N W E E S H Y W
Y P R E I P E Y I M T P I H B
R J P O I S R N L L E N A S S
D X L N Q T A O E T L R E D B
L V G Z C U H A S G V E A S U
W A I V W L O X C E E T P F S
Z Z I K E H B I S F U H P S K
S L C Z W A S T S B U F T A I
Y M A W M F T U I Q K N E V G
Y H B I E J F N A D T S K I S
Z D P C W G G Q D I P C N T I
B D E L P A M H I I B V B J A
```

158

Answer Key

Soulsby Service Station

```
W E V W B E N W M N E C C K Y
V B O M A C O U P I N S E B J
N Q F S C W R F Y O D S S J Y
B J U L T K T J I E H L K S N
E Z F M N E V T Q L U Y F O X
R L I Q T Z R C W O L M P D Z
Y T R C V E R M S H D U H A E
W R S E R Y S A E I X I P P K
F L T P E A L N T I E U Z O J
U P S N P O R Z L L E H S P Y
V W T E A Y V I S I J R W H J
R G R N I G K H N S E C L R R
E P E T R O L E U M Q A L U H
Z D E U F E V I L O T N U O M
Z O T H C I V O G A R D Z C F
```

The Palms Grill Cafe

```
A D M T F N B Q O F C L W B F
T U I F H L B G P H L M C W G
L X S K J E Q C I I O K B B F
A C S W Z J D C R O L S L A X
N U Y K E E K G O U T U O S H
T X S H U E E Y M W E U S G Z
A F T Z N H T H R P B S B C P
S V P H T U M S L A S K S M F
T J O P O S S A H L R A D K O
R A H C S M T N E O L B P Y R
U Y S G M E P V I D P T I O Z
E M I E A T Q S M K U P C L N
H W B P D X W O O H W M E S Z
U B O I A S H T V N T A N I W
J D N U O H Y E R G S X H F J
```

Home Again on Route 66

```
O W G O G U N U E N X S D A F
J L P O S T C A R D S N W G F
R K D W O X S Y F X N R A T T
T L P C I H G F N U K Z I P O
G M E R I M D L A W B O B E T
S U H A R T I S T U O O Q U L
C E O G T C Y O R E G H W Q A
I S L T N H O H R S K Q S I N
X U F O L I G Z A P W N U T D
P M U U C T M I I L S B H N Y
M R F Y T E E O R N L D L A A
R A K E P V C V C W E P I F C
W W F M X W L Y K L K S N Z H
F V Q O W E O P O C E K S H T
D P Y H A H I J U J Z W U E O
```

Route 66 Fun

Just for Fun!

Answer Key

Lincoln Home National Historic Site

```
J H J N Y V J G O M F W V S F
X M D N A B S U H B J J U S F
Q A N R Z P B Z H L T O V O X
P R N E O W A P B S Y I M M T
K Y E H H B E Y Z Z T K C I Z
D Y W T E A H S B L V L N Q A
L M S A H Z B G G U A X L E I
S H A F B C H C I A C X O N V
X V L T N E D I S E R P C E O
O E E R R E L T P Z N G N E I
U D M N D K R O O X X Q I T Z
S L D D R E E R A C W A L X M
K O I A B X P G P M K S E I Q
N E W O S P Y A J F T R B S S
D Q R S E O M X X Y E P A A F
```

Cozy Dog Drive In

```
P R C A H X B S W S U L X C W
X L G F N T X P G W E I R F W
V B V N I E V I R D N N W B D
U Y Q Z D T D Q I Y L C Q P V
N Z I B O B T L N D G O O S P
E R I M D L A W O S S L Q R Q
N O I T N E V N I F I N Z U K
L Z W F N Y S M G O M C C F
B O O E B T E R R J I O I Y V
A N N M R F R B E A R T X T K
S E O A L K C M G N S E O S X
K Q N G N N R A D B E L F U H
E D I Y P O R O H N E I T R X
T Q C I F X G F T R U I W C Z
S J M Y H Y R U A O O H R T Y
```

Route 66 Drive-In Theater

```
A K I S N O I S S E C N O C U
F Z F W F V R I Z P U F R G N
D N U O R G Y A L P Y P O O P
K B N Z N A K W N L E F H X U
N O E L I T M J D K I O N U O
I G E S W R O N O B N R G H U
G S R E T L E S G K L X P T W
H E C S S I H S I Y Y A O A N
T P S G R E X N T O S J K Q J
B R F R P G J H R U Y Z W L
J J E E S A N G A M O N P U B
T D V W R C R Y O U A O K U N
D X L S R E L Z Z I W T M Y O
L P I D P Y Q K M J Q Y R S M
U O S J E G G X R Y Q F J A W
```

Sugar Creek Covered Bridge

```
Z P C R R L O S F Z M W Z Q L
P I A O B Y T R V O J M H K B
B I O R D P O K S U F M E C J
A T C Z O L C D B H G E U J Y
A S M T B C P Y L H R Q V C J
S A P K U V H M T C B N F R T
P P H I R R H E A D L E Y K I
A O E M R M E D S H L K V C M
N T N H T E A S R T T O M A B
S E N P R N L I Q I E A Q L E
S G T B U O V L L U G R H B R
T D E X S H A J I L E N D C S
Q I P T S R L W R M U Q T U U
K R B M W N O X F F Z P K D T
W B L D X J B S L U G K E X E
```

Answer Key

Jubelt's Bakery & Restaurant

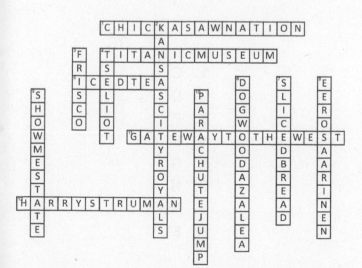

Pink Elephant Antique Mall

Missouri

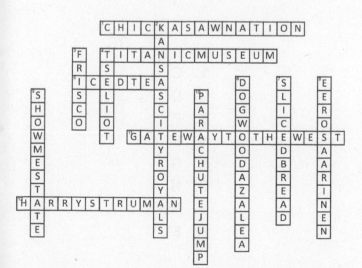

Old Chain of Rocks Bridge

Answer Key

Route 66 State Park Visitors Center

```
Y C R C W R N M S O B N D E N
L P H B R V O H J T O X T N N
C C Y C R K V N Y C A J E A K
R H P A A I X S D R I B I D G
J G C Y W E D E X M S R V F D
X E A F E A B G I Q T D Q J Q
Y S L U V O T S E S M R V J N
B U S K C B S E E H D O W O C
J O T X G O C U G M E D U K K
T H J B U J Q L P A I A Q E S
C D Q R E E L P E R H T D P G
O A I C Q M J J D A Q X L A T
V O M E R A M E C A N K X U E
R R R P M A R T A O B U L T A
U P W K M N I X O I D W P Q C
```

Meramec Caverns

```
U T H E B A L L R O O M H Z S
Q G U N P O W D E R N M Q G A
R B I O I W O L E P I S X K L
U G C P A U C Q U X A C T F T
E G N Q V W A V L H T U P D P
P T U I T N V A U S R H F W E
P L L D C B E V E G U L O J T
L U M K I N P M L H C Q D I E
E A C E C R A N L E E V P A R
Z N B S R J R D L O G T L Q R
E E E J E T T B V V A A V A V
C R L S Z P Y R I G T P S S Z
J G S T A N T O N G S W T O B
X E V B J L E S D I L L T I Z
J X T X M E Z W Y F F H K F C
```

Wagon Wheel Motel

```
B V T V Q C V U M I T Y E S R
X N I T R A M X Q L S K D L X
M O R T A R U S S N L J K B J
V G T M S D K R I S G C W D J
W S T O N E C B A L H U J G F
Z H F E L U A S F O I A C E A
E G R F B C N A W H W T X L N
B P I A Q L V D E C A V W L I
X O E H O G M A Z E Y G M I Y
S L S C R M M M Q E B W F V R
I S E Q A E C S V I Z J E L C
G R N T I Z O O I N J E R E M
A B H D E Q V N G N J H B E T
K I A I N R X P S O N H Z T B
S S N M H W N B U C M L Q S L
```

Historic Women of Route 66

1. C
2. D
3. F
4. B
5. G
6. H
7. A
8. E

Answer Key

Elbow Inn Bar & BBQ

```
Q V H E L B A T L O O P D W T
T L Y G M M B Z T N Z F T A K
H P R F S G B J K A F W L A V
E M F B A L U D S Y A X O X S
M E Y X N G T Q Z K C X R F S
I W O B L E S L I V E D A A O
S O J L P B S V G X L X N S M
F Y T M N B W X U R I Q G Z R
I B I K E R B A R C F A E U E
T U O G N A H C Z D T R C L G
S R M O R N K Z Y B U X R U N
B V W B C W N D O O L F U F U
R U Y F K W I H R R F H S L M
A X Y Q W F V A V L U O H W O
S U V J E U C B R A B J R Y S
```

Henry's Rabbit Ranch

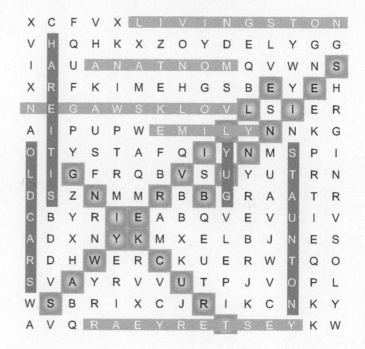

```
X C F V X L I V I N G S T O N
V H Q H K X Z O Y D E L Y G G
I A U A N A T N O M Q V W N S
X R F K I M E H G S B E Y E H
N E G A W S K L O V L S I E R
A I P U P W E M I L Y N N K G
O T Y S T A F Q I Y N M S P I
L I G F R Q B V S U Y U T R N
D S Z N M M R B B G R A A T R
B Y R I E A B Q V E V U I R
A D X N Y K M X E L B J N E S
R D H W E R C K U E R W T Q O
S V A Y R V V U T P J V O P L
W S B R I X C J R I K C N K Y
A V Q R A E Y R E T S E Y K W
```

Munger Moss Motel

```
C X Z H Q D R G L L N E N B P
E D E L C A L H H N G F O G R
W T W X G U M Z O N O B O W V
C C R S F T X L I O B S A V T
Y G F A Z O W L O I Q E D N G
N T I Y M C W N E I M L S U M
X P T Z K O O D W P L L B G H
S N B I B U N V Z X Z I U L S
B Q O S Z R A A W T O V L O O
T K T N C T H W Q G B S E G W
X U E E A C W J C B N E H L G
N G I S C I N O C I J N M J H
P O P D N A M O M Q D Y A P R
I V C W Y X C Q L E B A N O N
D U B I T H E M E D J W T W C
```

Some Movies of Route 66

```
T S J L Y J N O S J C U R C D
E F A C D A D G A B M K N A Q
R A I N M A N L O I E T D R P
T I Q R A E J S D Q L A E S M
W K A U G I G N Q U O L Z P U
Z T O G Q O I H O R H M U D G
S U X C H G J E R R E O K M T
F T V D H A W E V E H S K S S
N C L T Q X H A L D T T Y R E
J I R V K T C R O I N G U F R
W U O Z O A G B X R I H V P R
N O G M T O R V M Y E O G A O
R M E I F T G Q F S C S S C F
T H O K E E D G O A A T M L L
T N J S Q A J X E E L S F E W
```

Answer Key

Gillioz Theatre

```
U Y R T N U O C C O P Z L U U
F E V Y S A I I E H R V N D E
L Q M Q Z F D Q U Y O E A Y M
W W M M R O F R E P J X N A E
K Q O E O P E L H R E O X R L
S R N N M U S A D L C Z M E J
D J E F Q E U I L L T I U P Y
O W T F R N P I A Z I J G O N
Z H T P T S V B L G O E B T V
A A E I Q E B W A C N G V W C
R U N Q D T N T V U I Q C D Y
K G J U B R I D G E S J D C L
S W A Z R Q R Z K D T W W J L
E V L J K C F F Y O T Q W T A
W D W S X J R E Z T I L R U W
```

History Museum on the Square

```
T R A N S P O R T A T I O N V
T Z N O K C I R T C E L E L X
E H T N A D N U B A D Q L Z O
B Y K L D D E D N C H I O N O
R T X F L B K N I P B Q Z K C
O I K L D I W T I D O F N B M
C C P J E J D V L L P N V W D
S N P F W Y Q I U P E B H D J
K E F D W D W X E R R M X Z K
L E C T U R E S O O D A I V J
R U D J Q O J K U F X R H T P
T Q R X E R A W A L E D D N S
I N Q A B R J Q L S O H J Z X
X O O P A K C I K S P M T M P
U D G Q K X N H V G I L V J K
```

Birthplace of Route 66 Roadside Park

```
W A L K I N G P A T H C J W C
S G N I N N I G E B Z Y F O Z
X K J U K N J K H X X R J X M
V L K V A O C W C I I U R O E
A S C A N G J H E H E S S B C
P B F F U R D O O W T A U E S
D F A Y T U G A W W I V L F M
W E R E C B A O U C Z E E F G
C S N N V M E A W D B R K O H
W T L A S A B A E R S Y B C C
X I N H D H L W A D Z S T A M
D V C C I L V T E M N E X N J
G A O R F J I R F H R U H X W
I L A U K O S I X T Y T B U R
S B L P N B J J S O D T F K U
```

Route 66 Car Museum

```
U U O C W N U K N P Q Y U U F
O P M F A U T O M O B I L E S
U I O B R G T K K X X E X P R
K Z T S K A T R Q S C Y R W U
S S O E C U U B C T E I E E L
W R R K M O X G O L N N C W P
F E I U M G T M A G P G A Y Z
F T N A M X O E F J I L M X P
E S G A C B H I C N E U Y Z A
R D S G I N E A Y W M N U O C
G A Y L I L X F O O N A G H K
C O E T D U T F T P R Q O O A
S R S V M R D O A U P Q W R R
T U Y G W F R X Q P J X K C D
A T S A I S U H T N E M D H W
```

Answer Key

Decode the Vanity Plate

1. Never Late
2. Calculate
3. Excuse Me
4. Accelerates
5. Wait for Me!
6. Endless Summer
7. Be Nice to Us
8. Creative

Battle of Carthage Civil War Museum

Red Oak II

Boots Court Motel

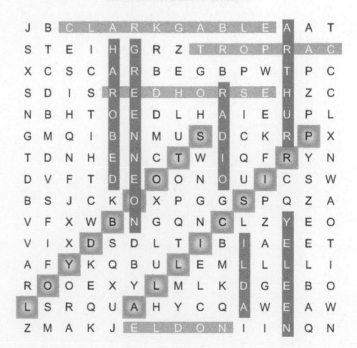

Answer Key

66 Drive-In Theatre

```
N E C K H T O O B T E K C I T
O W K M F U V J A Z Q M D U G
I C B M A W S K J Y B Y B Q S
S O A S F R O O J G X J D R T
S W X R J Z Q E H I O Z E A A
I C Q O T Z O U T C K K C J M
M J K P G H J M E R A Q F I L
R G O O D M A N C E E N C V Y
E R U T A E F G P D D P S I J
T R N U H R B S E W O G S W F
N D Y V E K D I Y E Y N G A Y
I F U M Q U C X T I Z G A V J
G U N N O E H A C C B V I L N
Q E Z L R I Y D N A C J W M D
J U Q Z F C A R C U L T U R E
```

Kansas

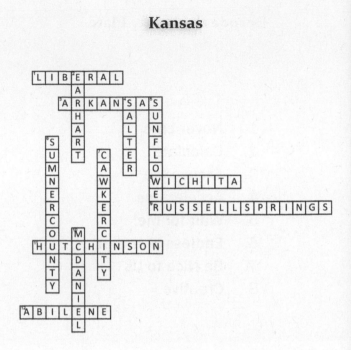

Crossword answers: LIBERAL, EARHART, ARKANSAS, SALTER, SUNFLOWER, SUMNERCOUNTY, CAWKERCITY, WICHITA, RUSSELLSPRINGS, HUTCHINSON, MDANIEL, ABILENE

Rainbow Bridge

```
H H L S Q Y P G N I N N A P S
C C V P G Z Y E O G V A C Y A
Y R D E A N W A L K E R X X V
N A D A X E I D M L Z D D S U
W H B A X T E R S P R I N G S
B S V N P K X F E X U B V C R
R R N A Q A R U E E R N W T
U A S P P E I E D V N F J E X
S M O S C P T S K G T I M W U
H U A E L H F E L A J V G D F
C P N L S O F B R E T F A N K
R X K G H T B E M C Y E T L E
E Q Q N B O A S J X N P R N R
E T B I A O N O V L R O H A K
K A B S H P P P Y F E W C A C
```

Cars on the Route

```
F M V W R B Y D U J B N K F O
R E O W M L H C A R R O U T E
A I N D B Y R M T O M E Z K P
C Q T L S N E O H F E E C P M
D K P E W L W R N N T U J P K
G U V L B T E Q E B R I X N R
V J Y A A M U R E T E S S A L
H Y I T R C D Q M R M O Y S B
X R E E G T M O U D A K V U L
Y R H L R Z O X J I A N V I G
K C R C Y B I J Q N H B F Q P
S L O R T K R W O K W S Z T B
Z H D S T E M E P A D O U Y U
W K I A E W X R A X I P D S I
Y N W M B G H Q O N N I K G B
```

Answer Key

Galena Mining & Historical Museum

```
V U T Z J N P Z U L H T W U L
S M E L T I N G S W H Z S C D
O W E R F M E B A W E H L K A
C E U S X B I L A S N S A Z P
L Y Q J C C L N F B Q T R K Q
E R H U C A H I I Q I Q E E N
A K G C I I B S S N L Z N M W
N A S T T P N D K S G X I G Z
U N R A E I M D M D R Q M T O
P A I M X H L E U P O I Q C I
M O W K E Q B H N S Y L L T H
Y F C M R S E K G T T W Z E L
U D R N L E A D O R E R W P Y
T B T A Q H L W U M L S Y X A
T R A I N D E P O T H H H T Z O
```

Mining Types

1. Surface
2. Tunnels
3. Gold
4. Coal
5. Water
6. Subsurface
7. Salt
8. Collapse

Nelson's Old Riverton Store

```
L Y E K Z F G L S B Q Q U V H
O U M B I G K C J T Q C X V S
Z W P Q G B W Q K L T T D L J
K D O G R O C E R I E S E I D
V S R S E A I V X K Q O D V G
W Z I U J S T Q R F W B B I W
E L U C L N T A J I S B J N S
E Y M E H C M I L U T K N G E
L V R T A D K L I T O X O R I
S W I R O L I A T E R S S O R
V H B O E A X G P D E A L O D
K B F I M C Z W R P Y A E M N
I I V S F S I W R N J V N N U
R D P W N O S L E N T T O C S
E B N O T R E V I R I V F P L
```

Baxter Springs Heritage Center & Museum

```
D M W K X T I L T E W A D W O
S A N J A N M N T U P J K X W
A K O Y Y O W A P R O B E I Q
S Y J R H M E F E H W R X E Z
N L G I Y B T D N S B T S M Q
A A U P Y R M B R V D F Z I C
K V L L Q U A N T R I L L E A
K N A F D X P T Q F H Y P V M
C H S U T U F L I R W C X I P
C S P E C X O P A L G N C T S
Y Q R N P R D F T N I B Z A I
K I I G E Z S A Y D T M E R T
L Z Z P N K V C I G U E Q U E
H Q D S N I G G I W F O R C P
B A T H H O U S E K M W N S L
```

167

Answer Key

Baxter Springs Independent Service Station

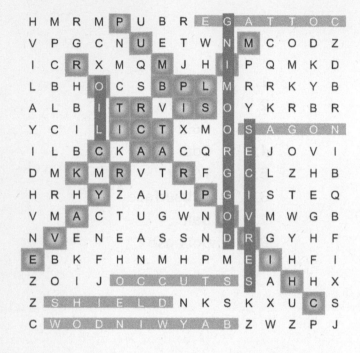

Oklahoma

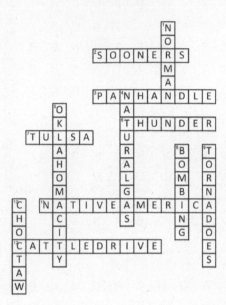

American Heartland Theme Park and Resort

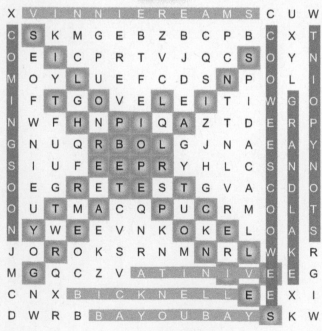

Ed Galloway's Totem Pole Park

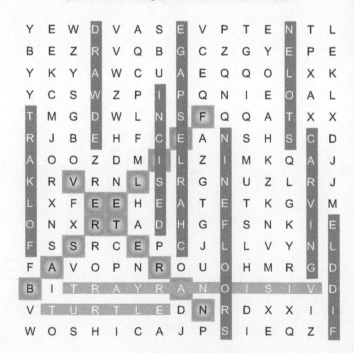

Answer Key

Will Rogers Memorial Museum

```
H M F B E T T Y R O G E R S X
Y R P R K G I G J E V U Z H
B K E I U F R O Z E B W U J
O D K Y T Q W D G G D B I K U
R S V N U I A Z R X L A J T P
I X C U K V R W W P X V U E H
S A X L I D E V J P W Q N I
T X K D A P E W M J Y S I O L
Z S S I D R J R F E Y U H T O
T O W O B C E H R E N K H S S
N I D C E Y Z M L E R T B E O
U L M P V U G S O T T N P M P
K W W Q S U T E H R D N S I H
H Q A F O R S Y T H E H I L E
J Z I E T I N A R G G A I J R
```

Blue Whale of Catoosa

```
D R O P H N Q S J W F T Y H U
I A O U E R K W P S E B P T V
C N T Z A X E C T Z Z L A A O
D O M S I V A D H G U H D N O
N E M M K B C G D J O S W E G
S Z Q P Y D E H E A T Z H A D
J H K F A C D O I K L P Y I E
H L G S E R C A S E R U T A N
E A F C T D T V Q X F J M H Q
M A M M A L A M Y B B H G Y L
P I C N I C E M E N T C U D U
Z X J F O E Y F J N D D M N F
Y J Y M F W U I X L T M J Y T
P U A R H W Z O O L O G I S T
N I G X J E G S L U J V E E K
```

Museum of Pioneer History

```
D T G L O C A L H I S T O R Y
E O A K S A E U L F J N O W C
R B O T W H Q M P Z J L H D Q
E O Y A A C R H Z W E I H N U
T H T R N F O C P N N X Y I L
L C K N E O Q D A Y L Q G S L
S P J E K N S G P O R O T E
N A Y R T M A V H C C S L O V
U M G W H W E B G H N P A R N
X E R C N G F L D S I Y E N A
U A P E T Y P Z T L L R N A M
O W R Y M I S J T T O T E D W
N H Q R E C O R G P E O G O T
I R F J F A I L N O P S C Z A
D Z S N V D E P Y T O N I L Q
```

Route 66 Trivia

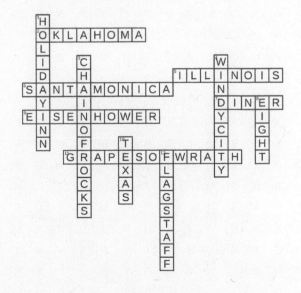

Answer Key

Admiral Twin Drive-In

```
N R O C P O P Y E K Q T M I C
L D J S W L X O C G H X O L S
N S T V V C V A E E M F A T T
V E K A E U B A O O L M H R E
J F E S F W D U V I E T E Y R
S I U R O T T I C N I O N K E
X G B R C S E K I M P I D R O
B U H O I S S C S E V J D C S
D T G D U F N E N L U O R W O
Q X E Y N T K E S W M G I D U
J R G Y V A D O D F I X V K N
S Q V S L M H O Q O D H E T D
I O E B R W V V Y O R O E I W H
V F N E M T T W B R M W N J X
Y D W Z Y Z S U L Z J P L R V
```

Buck Atom's Cosmic Curios on 66

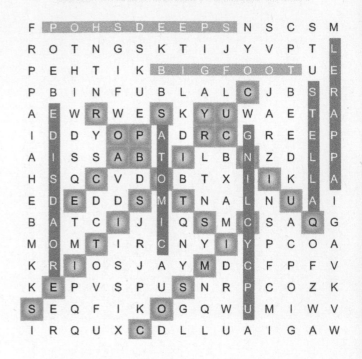

```
F P O H S D E E P S N S C S M
R O T N G S K T I J Y V P T L
P E H T I K B I G F O O T U E
P B I N F U B L A L C J B S R
A E W R W E S K Y U W A E T A
I D D Y O P A D R C G R E E P
A I S S A B T I L B N Z D L P
H S Q C V D O B T X I I K L A
E D E D D S M T N A L N U A I
B A T C I J I Q S M C S A Q G
M O M T I R C N Y I Y P C O A
K R I O S J A Y M D C F P F V
K E P V S P U S N R P C O Z K
S E Q F I K O G Q W U M I W V
I R Q U X C D L L U A I G A W
```

Cyrus Avery Centennial Plaza

```
Y S P A P A W A Z V H S U O S
G Q X U I A B Y F Y P X C S K
W R I S G A L F E T A T S Y Q
U F G O R Z Q E J O T E B C W
L H N M H M H P O J G R L K I
V J Y S K Y W A L K O A Z A L
P E D E S T R I A N I C B B L
B F W V F T C H Z N H U I E R
O P T V O S J E N A K W G F O
L B B G U O C E D T R A X H G
P P A B N L T K O M M Y O P E
A B V D D N R N P J G R A U R
N F T K E B T I Y P S Y Z T S
Z W M C R Y F G T E Y P E K F
N G Y R A N O I S I V D G W U
```

Route 66 Historical Village

```
O K Q T L H I S T O R I C A L
X I E S U F E E G O C S U M U
E N L K E L I Y X T D L K L C
L G K S R C S U K H N G P C H
N D H E T Z E A C A A F L O O
V F S D S R K D I A L T T L C
U M Z U N J I F R V B R V Q T
O P E N A I R K R T E O U I A
T V P X B V N F E Y U L O Q W
F T C S I X L O D H S L N S Y
Z S Y X Q L J I L T O E V I E
O F O B V C U K I F A Y P V O
S U T V Z T E R O L P X E C G
T O P E D K R O F D E R Y E Y
N C X G V D B S G H I W C P G
```

Answer Key

Heart of Route 66 Auto Museum

```
L R C M P W I L Z N R U C V D
X E K A O S F V A I V K L L W
P T C N C O P K J W P B O O N
Q S I H B K R R S X A C C L G
G O G U I K L L I P R T G D G
W P Y A R P S B L G M L C A G
M M V R S G F U F I Y S K T T
I I D A N P N O I Y R O M R A
L I K E U T U I O F E D H X N
I Z B F D L M M C S S W G H E
T Z M S H U I B P A E R U O Y
A K Q I X B R J W E R P T L D
R A H M W D M C J L V L M M M
Y L W E D F B B F J E D J E I
E R Z H P B A P L U P A S S T
```

Rock Cafe

```
O W A V S E H N F R P W H H B
E U P I N T O B E A N S U X W
R L E N O T S D N A S A A Y P
L G K M Z J H I P E L G P D P
O D X C S G R E V C I P B N F
J F Y D I W W I Z R U W Q A O
A B B Y O P R T A L Y K M C F
G L N L Q Y D F L N S M S Z Z
E B F S O J F E U X M T P O Y
R E E R T E T L I X B P A B C
S T P L S R I D O R K N E W A
A S Z T E A O L K H F X T O P
U Y Y V F J D U P D A X Z C B
C L E J R O D X D V Z R L N E
E N N Y R Y V D H W G W E Z Y
```

Route 66 Interpretive Center

```
N L M G M M O D E L A F Q U P
J B N F N K N V X F J H L B D
W F S P P I K K K V D Y R Z F
N Y R L A Y L Z W O L L E U C
E P E E J S Y L L I W V C S A
O T R I R Y W N E O I H D I N
N Z O Q T S U J B T A Z D J P
N I T M L A A T C N Y E L G O
I C S Z C X S A D X M R L A J
G W E Z D U R L P I M N O R F
H I R R D E E Z T P T K C T W
T A I S T R H L Y V I D E O S
S V T N I P U H L W Y J C Z I
E Y I J P M Q T V P M M N U Y
G M F X T F C S V A Z E Z A F
```

Larry Baggett's Trail of Tears Memorial

```
M E T A P H O R I C A L M O O
Y H E T P K J Y X F M R L X S
Q C D X L O C A L S T O N E X
L L A W E N O T S E R Y L I Y
G I Y G G R F Y W P G F V G U
Y C R U R D F C T T P Y O J M
N Y L S E N Y M N O M L I X F
X J G T B T K G R M O J C B H
F K U A Y Y C T O R G L E J U
Z X Z I R S R Y E L I D E R H
W V B R E A L M D Q O R N Q Q
I S I S I C U E E K O R E H C
F E U T R N E P Y M K B T D M
S Y B M A Y M H E J W W V S M
R W Q N M A R T I S T R Y M A
```

Answer Key

Native American Lands on Route 66

1. T
2. F (none)
3. T
4. T
5. F (Choctaw)
6. T
7. T
8. T
9. F (**109**)

Seaba Station Motorcycle Museum

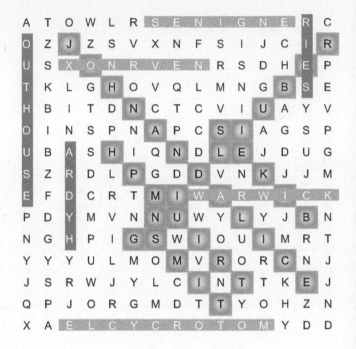

Arcadia Conservation Education Area

Arcadia Round Barn

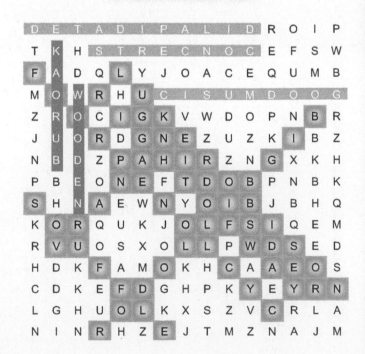

Answer Key

Pops 66

```
O J H L T B Z E A U K Q C V A
D X H B B S L K M B M E C Z R
T J M A C H E E R W I N E V C
Q A T I F P J B D P R I G K A
S A G H L W B S O L J T R N D
S Y A C F I O F K T I V A K I
E N I N G P A H R R T G W Q A
L C T A G T L E O S P L H B K
D K B R K U S P O P X X E T O
N K N A J T S Q T K I S D C S
E T A D A H E B B H O B S X T
L N L O X C K T E M Z K F L X
S I L S B A X Z E E S Y A H F
O F K H H M J Z R T F M O A R
K G U U L T R A M O D E R N O
```

National Cowboy & Western Heritage Museum

```
O G N T M X W K F G H N H A A
M W I X M G N Z Y J K O X M W
O V O K P C A H Q Y Q E R E S
K L Y G L R T O Z T K E G R F
H Z C O Y I I L B W S L H I O
S R T S B O V N X A I E D C M
O E D O R W E D R I G T O A H
K S R E M R O F R E P S A N L
O M U F Y J L C A A S P T W L
H R P Q O H E V E W O L N E E
C A K M U Q F O Y H E A J S S
I E B Y V C Z S Q O T Y C T S
I R P X T S E W E D X I R P U
L I I T E N O T G N I M E R R
G F N T U B Z A C Z Z D P E V
```

Oklahoma City National Memorial & Museum

```
Y E G N A C C Y N E N P L G Y
H A C H E P I N W M F V W A S
G B A N O C O L W G K W D U U
U N K I E R N S O K S G O E R
E E I C G I C A N B J L G S V
Z M L T D R L H R N M T V O I
G D P T C T S I A B G Y F F V
Z E Y T L E M W S R M T S O R
L L P P Y O L U E E D E Z I R
G L T K J C Y F R H R O M M Y
F I G A G O H Q E R X J X E K
I K O M O A M A Y R A L K M R
A R P L C Y A L I S M H N H G
B O M B I N G A S R K E E E S
S R O V I V R U S P S A W O I
```

Milk Bottle Grocery

```
S P M P S C E C B R A U M S V
G H L Z F Q L X B U V W Z N K
R H A A P G O E S X X T E U O
K O X K T P O Z A U I S X T W
G C B C Q E C T N N S X G B N
V J T H K M M Y N A E A L V C
E C I F F O Y T L A E R Y P I
Z E B D S B U C E E N S N M E
K L F N A G R O C E R Y H A M
I G V R Q I R I M F H N Q E L
G N I S I T R E V D A S O U C
S A N R C Q G G Y U B T U S P D
Z I R H S M X X V P W R M F E
W R Y P N J M C A I F U L Q I
J T Q C H Y G E J Q J B P Q R
```

173

Answer Key

Asian District, OKC

1. Little Saigon
2. Fish Sauce
3. Super Cao Nguyen
4. Bibimbap
5. Fort Chaffee
6. Brothers in Arms
7. Classen Blvd
8. Bubble Tea

Lake Overholser Bridge Route 66

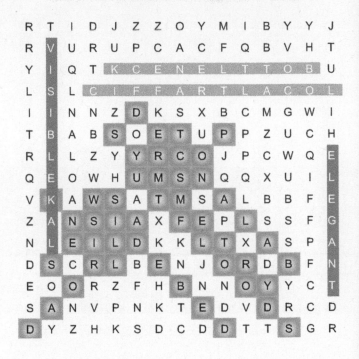

Rock Island Depot

Oklahoma Route 66 Museum

174

Answer Key

National Rt 66 and Transportation Museum

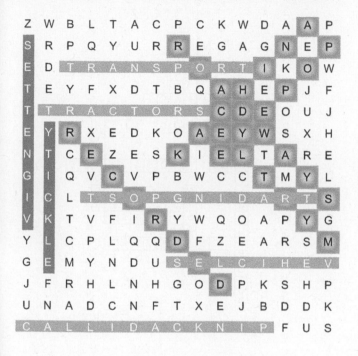

Washita Battlefield National Historic Site

Sayre RV & City Park

Beckham County Court House

Answer Key

Sandhill Curiosity Shop

M Y F G O K U Q D V E W N M H
S U Q R H M V H J I G B N N O
A F R S E I T I D D O X F K A
N E H K J F B Y D R H W L R R
D Z R Y C B R M E D N A W M D
H S A T A E D E D E H N R Y E
I X I P N N T S O H B F E R R
L J V S Q L N D M H J A P R D
L M E O S B I A E L M W W I G
R S Y I V W W Z B R W E W C L
Z A L R J A K C Z E Y S N K W
S X W U Z X W R S I L P J T P
F G P C O J J M U U E L C S S
S M R Y E L R A H B W S E Z W
K K W F D K E J Z B K U N J M

New Mexico

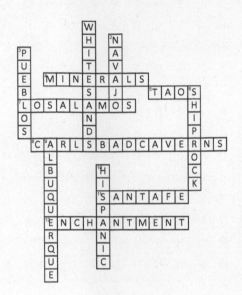

Glenrio Welcome Center

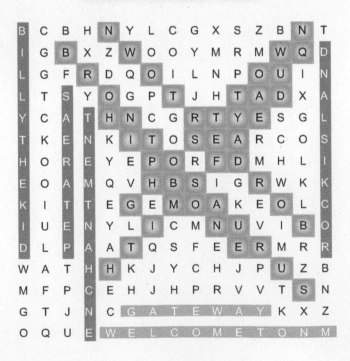

Southwestern Ghost Towns

1. B
2. C
3. D
4. A
5. C
6. B
7. E
8. A

Answer Key

Texas

A U S T I N
C O W B O Y S
H O U S T O N
A S T R O D O M
M E R R P L E X
S A N A N T O N I O
L O N G H O R N S
L O N E S T A R
A E R O S P A C E
E L P A S O
O I L

Conoco Tower Station & U-Drop Inn Cafe

```
B J P Q J Q Y R T K G Y H R G
U G K P A T S Y K U T B Z G V
P A C R T L E T F B R M G E T
R A P I L U T L A T E M R F I
P I N K C O N C R E T E U F B
R S W C S Z T G S N H Y P O N
E K E I G I K L H E M Q D R K
N E N L B P T C T O T Y O E S
R Q M B I H V A O N A K Y B I
O I J G E T S L S R Z D E M L
C U L V G I N Z T P M N N A E
S T K F V X V E R O E A F H B
R A K L A G O K E V U L H C O
A W E U K U C L X R G S L S V
C K T M B X G Q S G G M Z F X
```

Texas Route 66 Visitor Center

```
Y D G Z F Q L F G E T R I Z Q
Y R A T N E M U C O D Y V U C
B N T B R K Y Q F W I U Z C Q
Z P R M I R X G J B Q V U E M
O T P R E A N V K U M S L Y Q
K P L L Y L N O C M M D E R E
P W L D V C Q P P Y N R K V T
M A P S C Y D J T A S H G E U
G Q U A I N T G H C Z U D U O
N B M M S N B N H Y I A Y R R
O C G B A E A I X D A X Y D N
I D Y L X P C A E D L L O G O
S P J J M K X B T B U E E T T
I I A M E F M A G N E T S X W
V H C N H O B W G K C Q O G I
```

Devil's Rope Museum

```
P N N V S D N A R B U H Y U B
U T Z F H E Y B S Q T M N Y R
M B M N J A Z J G I L E R K A
Y X Z E H D Y N M Y D O T P C
L A I K L G I S E D T W U U T
F I G D Z H N X I S U R N O O
M Y C R C E B L I K P E G T R
F D E N I M G H O Q M I N E Y
J C A C J C H P K S M T I R R
L R U Y M C U C E C K N C Q Y
J L S D N S T L L F B O N W G
X Y B A E A A E T E C R E N U
H C R A N S A R N U Y F F Q U
F X Z W N N P A G H R N I H R
B A R B E D W I R E K E X E K
```

Answer Key

Palo Duro Canyon State Park

Scenic Overlook

Just for Fun!

Jack Sisemore RV Museum and Storage

Jiggs Smoke House

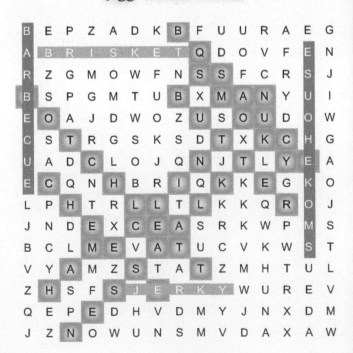

Answer Key

Big Texan Cowboy

```
A U S Y A W N U R P X M J K M
Q W J T P S U P H B F B P W D
A J Q W C I Z P A Y P A G E U
B G C I E B D N P Y W G D W H
S K M A N S T E A K H O U S E
F Y L L A H T E U Q N A B L V
X I L E H R W E V T B A F D U
G N I L I M S C R T S N Y S V
C O W B O Y R T K N C E K W A
E I K O E M S L P A S A C L Q
E R W U T O B A W U E T P Q P
L B D Z P W K L Q T J G Y P S
J V S T G R O I S V K G A L R
R Q U F E P D C D T N Q X P E
L O V I C H A L L E N G E C L
```

Cadillac Ranch

```
S Q X U O F G H M A R Q U E Z
L K J I M U B N D H P L S H K
E B C U A C M R H P V I Q O T
H D J A A T O U I C B N M N P
C I E T H L N T X A T S Y Y M
I N T T P U I I M A N T R E T
M R N I N F U A A T E A Q L A
Y Y H I F I R J C P M L N I L
W C X A K I A Z D I Y L D E L
O K R L L G N P D T S A D V F
P G Y L F E B A E D S T R M I
Q B O T M T N Y S R V I M P N
R O H G I G W N B X V O M V S
A O N H L B T T G A W N E T R
W O B E Z Q C O M R A F T N A
```

Midpoint Cafe and Gift Shop

```
S X P Q N W Z T X X P B F H R
N A I R D A H A T Y X M R D R
L S U H Z A L C G V L Y A B T
L O U S L P L I I F Y E N U E
Q D G F T M W M O M E J H B X
S S W Z N O E R M A M L O H A
G A S Q M U L O M R W N U P S
Y E X Y N C S F I K E U S A S
W U A B U J J J N D I P I E Q I
N U W N H D E C P V C I R Y I
Y J D N G V N Y O X X B E J L
H B J Q U O L N I J V O J E J
V W L O A G L C N M H X K N W
P L S T U M Z O T R S V D T Y
N T Q O E K A T B D I I H J B
```

Foods of Route 66

```
S R E G R U B M A H B C Q S L
D E X Y F H A D O S K B Q C V
J S I J W G W N B N K E Q K Q
S R M P Y L U W P O S L U Z B
W R E U S I N Y E Q T M L T V
G Q E X W G V U S Z U A U S A
R Z D T E K O C G S N Z E U I
T K X Z R B A D H T H Y D M I
T X N Y F U R C N W G I O O S
J J H F J O F Z U R U D K L O
W O R J I J V K K E O X D E C
L D X A J L I R N X D C R Q A
G P I Z Z A E W V A E A L I T
R V O L A M H D N C R E X Q K
D B D S Z I A I T E F F O C U
```

Answer Key

Corn Dog Recipe Fun

Just for Fun!

Ute Lake State Park

Tucumcari Historical Museum

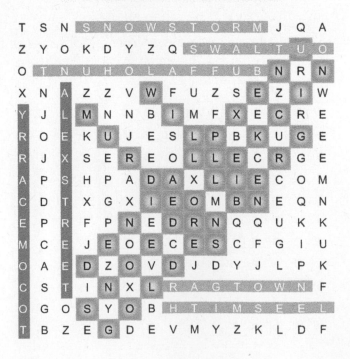

Mesalands Dinosaur Museum and Natural Sciences Laboratory

180

Answer Key

Route 66 Auto Museum

```
V S D Y Q E X H L N V B V V J
S S Y T O O I Z S T U A F J G
T U M D L E N O I S S A P R N
B B O Z O C O R D O V A R O H
J R I F S O Q G K R T E E O O
X H B I M I W K S A S M D L T
G N A T S U M R Q T O M J F R
Z L A N I G I R O R O C O R O
H H J J R M M R H T A T E R D
I D V X Z U A C S C M N D K S
B D Q C Q T Y U E E T M T C I
R O Y Y I N C O R V E T T E S
Q D U O I J D L L V N L E H C
R L N H C Q S C Q Q W U Y C X
J M S H A V E N B I U K R Y W
```

Muscle Car Match

1. C
2. A
3. B
4. B
5. A
6. D
7. D
8. E
9. E
10. F
11. C

Route 66 Welcome Center and Gift Shop

```
R E E P B C E D A M D N A H V
H M R Y L K O M O D I G F S U
Q Y P D U F C W M G I J L N P
D Z C D E L A O S G I B J O G
S E G R S O A U L O H F I R Z
J Z C Q W R H Z K C K M J P A
J X W T A A E R U C S T A A T
O J Q S L M J P A N U I B V E
H O Q P L A Z N E R A G V I N
N G Q O O Y K M Q E X V V L G
D R R K W K L U M F K S A G E
E T Y I C F O S K B T P M J B
E Z S I Z I X E T F G T O A O
R B N A S B Z H I G M Q Q H F
E K N E M A T G B H R M U Y S
```

The Blue Hole

```
L H E P U L A D A U G Y O G R
I A V Q J Z L E Z L E G N W A
B B B S R X D K O L W I Y G F
J E I Y R X T J B S V R Z O L
U R L R R G T B Z I E Y D L Q
A A X L H I U U D H E Q E D Y
B L S O S R N A C L P W V F I
S U E L R H B T O F N E Q I E
W C P Y I U A H H A P O M S J
I R Q W C H K P I C H Y A H L
M I M S H N T S E F M G Z Z M
M C T S I E E N A D U C W N N
I K I S D T O J O I Q C G L Y
N F B W R T U K U E I I F G D
G O O A E T P V S D X D I H T
```

Answer Key

Joseph's Bar & Grill

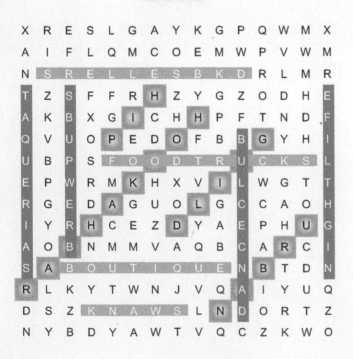

Rio Puerco Bridge

Nob Hill

Kimo Theatre

Answer Key

Albuquerque, New Mexico

```
L A W N P Y W N I I J Z X O I
D A H S U W N C V P M W F X E
Z C Q G F O L B E U P E F R N
C X Z O S H P Y L G O R T E P
F W S O L D T O W N G T X N I
W D R N D U K E C I T Y C N L
S T H G I L T H G I N N N F U W
N Q Z P R L H Z C T T O K R E
V E O G Q W O K S B I F C D L
S E B I R T G X S O K N V A J
X L K V H R C T Q C S R A O L
X I S Y T X I S E T U O R R O
A T S E I F N O O L L A B S T
C W A Y D O W Z C D K J W N J
K E S T E V A N I C O W T Q L
```

St Joseph Church

```
S G R D Y O O Y H W X N V G A
P T Y A L C I E O S I M Y B Y
E L Q B I L K W L K D M V Q H
A A U S S N W O S Z U N S H I
F G R K Z Q B L H D O Q L T Z
D U I L A M A O Q Y V C L N X
U N G W Y M J I W D S B E O S
Z A M S I P R I I Y W U B O T
F Y R N U E U C O G I P N M F
L J A I Q U M E J B S L I U M
B S Y A S X I N B L Q J W Y T
I F N W H I T E P L A S T E R
R S R A T S J X C H O W G P P
P L A T T I C E F E G P S T F
C X E R I V S A N C T U A R Y
```

Route 66 Neon Drive-Thru Sign

```
W S R A B T H G I E H I N W E
V S A N J O S E P A R K K W R
U L W T N K E D U L Q C L F O
U Y E G T A V S R F L O Y O J
Y N L R F T I E P C H W N S M
U Y D F J F R U L D V D H A D
S R I G L R D C E A W I R E D
V G N M V N E S B Y E C B Y C
D D G U M F L L A L G R H U H
E T I L H G C V D T I A L W G
T S N X Q K R S N G I A P Y A
N I G H T L I G H T M Q W S L
Z N M M U G C T V A L A C Y A
E N T B N C A R S E L F I E L
E O Y H S T N A R G U S M N W
```

Continental Divide US Route 66

```
G J U N I P E R K O Z M D W W
W R M K U R J S T P A G N C Y
F S E L S K Y D Z I H C J N M
M E U A Y Y N O E I M Z S T K
S L K S T X X O V E A W S H O
U A Z P K D X G L G E A A O O
M Z P S L P I E K G K T P R O
M N J I X C V V D X Q E L E Q
I O D S N A E I I U S R L A X
T G W B T Y L T R D D F E U Y
O I V I P O O A G C E L B K U
N A O T O K N N F P T O P I Y
N N A C E I K G N L B W M G Z
M Q A Y U G C S E G Z Q A S I
X Y W M N I H J G O T E C B K
```

Answer Key

Historic El Rancho Hotel

M	N	R	U	B	P	E	H	P	H	B	X	J	D	V
E	S	P	E	H	T	A	V	Z	F	J	B	Q	X	D
T	N	C	T	R	O	U	G	H	H	E	W	N	Y	H
U	N	O	A	H	X	F	H	W	R	Z	O	A	C	H
N	O	G	T	P	L	R	P	F	W	J	R	S	G	V
O	O	R	W	S	P	L	I	T	L	O	G	S	L	J
B	D	W	T	U	R	R	Q	M	H	V	T	Q	S	R
X	B	O	F	E	E	A	I	J	G	Y	R	P	H	S
Y	M	Y	O	P	G	T	L	F	M	D	C	F	T	N
J	J	O	L	W	C	A	I	H	V	P	B	P	I	G
G	V	A	S	H	Y	L	D	O	S	M	P	U	F	Y
E	C	A	U	F	M	L	G	N	T	A	Q	L	F	R
E	H	M	O	S	L	R	L	L	N	N	I	L	I	W
A	I	J	E	Z	X	Z	W	O	X	S	M	A	R	X
R	K	T	V	W	N	U	V	Z	H	H	F	G	G	X

Canyon de Chelly National Monument

T	E	C	D	E	C	J	D	L	S	V	B	Q	W	D
O	W	C	E	G	D	K	X	V	L	M	A	T	R	K
G	F	A	F	X	E	K	I	Y	E	S	T	Y	R	C
S	N	O	I	T	A	N	O	J	A	V	A	N	J	O
N	W	Q	A	R	E	E	L	C	S	F	A	T	B	R
O	D	O	N	Z	F	T	G	A	E	H	U	U	F	R
Y	Y	H	C	Y	G	L	G	Q	Z	W	X	C	K	E
N	R	S	E	E	S	U	O	H	E	T	I	H	W	D
A	N	U	U	Q	W	W	I	M	H	U	I	K	G	I
C	G	R	P	H	L	T	P	N	V	E	T	E	H	P
E	S	U	L	M	U	M	M	Y	C	A	V	E	H	S
E	P	I	I	N	O	S	R	A	C	T	I	K	X	B
R	O	N	F	S	N	T	M	D	E	R	C	A	S	U
H	R	S	T	B	Q	S	N	A	O	L	B	E	U	P
T	C	E	V	I	E	G	P	J	B	F	J	H	H	Z

Arizona

1 TUCSON
2 SEDONA
3 CACTUSLEAGUE
4 LONDONBRIDGE
5 DIAMONDBACKS
6 DESERT
7 RESERVATIONS
8 PETRIFIEDFOREST
9 PHOENIX
10 METEORCRATER
11 VALENTINES
12 GRANDCANYON

Petrified Forest National Park

W	G	A	S	R	U	A	S	O	T	Y	H	P	H	Q
L	R	S	S	I	J	T	F	J	Z	N	J	V	S	P
A	L	E	H	A	W	U	F	A	S	H	U	A	S	R
I	P	M	O	P	R	E	N	W	M	N	C	P	F	Q
Y	T	E	X	A	Y	A	P	E	K	A	A	U	X	F
P	J	U	L	A	M	L	T	P	T	L	A	U	B	B
X	V	L	K	A	U	S	G	O	E	H	R	A	W	Z
D	Z	B	D	X	Y	R	N	O	S	T	R	D	X	J
Z	R	A	C	S	Q	E	N	D	R	K	S	V	Y	K
I	A	S	O	D	C	T	N	P	R	T	Z	V	Q	Q
Z	C	C	B	M	O	A	T	A	X	G	E	I	Q	T
L	E	F	S	L	L	W	N	C	F	Y	J	P	A	Z
K	T	B	O	D	A	G	I	Q	V	O	I	P	P	F
P	Y	G	A	N	E	F	C	I	S	S	A	I	R	T
Y	Y	B	P	R	O	N	G	H	O	R	N	S	E	U

Answer Key

Standin' on the Corner Park

```
N P O X Y T I F H C E Z A D X
K Q H G R E B D N I L A Z V B
Q G D V T U N N E L S J B Q O
V O L L Y E V R A H D E R F R
H V T E J D Y W P M S H M S A
O G T A N E B R O W N E E B I
R O U X K N A R M L K T V O L
L R N P O E F G N Y S R U L R
B H A W N Y I R L T V N N T O
G F O T N H V T E E K C I J A
N D A E Y Q O C E Y S L O W D
A L D D E F H J V A B C U D C
V R F E A Z V I S S S Z C G S
D R O F D E B T A L F Y Q Z W
C O X X S A D A S O P A L M Z
```

Traveling Songs

1. C
2. A
3. G
4. E
5. J
6. D
7. F
8. I
9. H
10. B

Miz Zip's

```
A M R O R L N U Z X J U F P B
W P J S V W Y K D V H U Y P Y
R E U H Z N J R R O N L B P E
B T A P Z H A S H K N S S M I
D T M E P N Z K Y C R U R E P
J E Z A O N D I T B F N T J E
Q L K E O O D P P A E G T S L
T E L X W S O M T B E Y O A P
R M R P W T C Z N U U S D I P
E O J D X A C V Z Q M R T G A
T B P J F L V Q J F G W G E X
R O P E B G B X D J I D A E L
O S G Z L I L Y N F G N V F R
G Q G C J C U Z Z K W X P E W
I H J I V R E I L E D N A H C
```

Mother Road Brewing Company

```
L V V K N K K D O T Z R Q Q D
J G T D E Q P B N C I T R U S
N S N C E C J E L R L R N P R
P U D N W H M J U X Z Q U S E
X N M O O R G N I T S A T I V
D D O P E I X K M C U K K X I
A A S F D C T G A T C Y Q O R
B Y G Y B E L A I W U B N D D
W D B U R V R B T G A R N B Y
Q R I J J E R J Q S U U O E L
X I Y N L B W N E V R E J M I
Z V E T X S K E K U D E W O A
D E U O Q U P S R R P M W T D
D B I G I P A M C B A B C O Q
B R X E R E E B T B T F A R C W T
```

185

Answer Key

Route 66 Dog Haus

```
G A L F T S A E J J L C L S R
Y O N B U R R I T O X P B M K
E Y A G V R J H I I A C T T X
N J Q U A T U S H S K B M X N
O L Q G K N F E T A C V T H O
L V V C N X O R F M U U E O P
A U W C T I A F U R R X D T J
B U F T L M L L N V T I W D J
Q P B E I J C E N F A P E O N
T F U F C Y N C E M T P M G I
C Q R D X A D M L F O Z A S O
Q F G V D D E I F T Y G R J O
W Y E Q N O J P R T O S F P N
X G R X B P R T Y U T Y A D C
F K S B W N V P S J W H W E D
```

Walnut Canyon National Monument

```
T R G N I L L E W D F F I L C
K A I B A B L I M E S T O N E
H J D I L A J H Z S J U K Y M
M B H S W R D R M I Z S K L O
G L E L A Y B A P G B I L Y R
P A F A L V P N V Y T N U S Y
O C T N N M O G X Q C A W A R
T K E D U S B E V C G G D N P
H W Q T T Q A R C Q W U R D I
U A L R C W Z C Y V B A V S U
N L P A R L I A R T M I R T B
T N P I E M A B H T F A K O U
E U H L E Y Z I C I E Y S N J
R T D T K B X N H D L C N E V
S E F I T G O S H A W K N E J
```

The Museum Club

```
W Y E D O P X P N U A T A N S
E G M B K X C I N K M A M V R
V F E M H S G O R F X X D E L
G U Y A U H Z N E Y V I U N N
R O C T T S F C S U N D F U A
F J F C A I I R I I O E E E A
T C L L T T O C S A N R O H T
R U E L D R E D G E V M R O S
B M Y R S I T U H A J I M O S
R S W J J B M O B Y B S J Z S
F F A T S G A L A F R R T B E D
S I L A N R L X L X G U V H B
R N I B A C G O L U L O B T H
E C N A D O W O R N G L D O I
L E S S O N S W O Y D U E S H
```

Hot Dogs on Route 66

1. D
2. A
3. G
4. F
5. A
6. B
7. E
8. B
9. H
10. B

Answer Key

Grand Canyon Railway & Hotel

```
S U G C S B L W C D U T B E L
R P E Z Y Y I P S T I D N A B
E Q U G N L U M X E D R F M X
S V O S L K J M S C S X F F G
N N I I A N I T A M I N E S B
E V A T L Q W F L Z R F C M K
P M R A O A U C I N E C S U N
S F P Z E M F N N T M J M S Z
J J N F F D O C E S I O J I L
D I D A K T L C P I R U L C B
G T Q M M G T C O T H R M I L
Q F E G G L V Q O L T N B A P
N I U N P K L Y L S U E S N P
Y W N O N X K U F E O Y N S T
U N V V E I A O P F S U F X I
```

Grand Canyon National Park

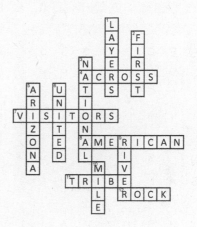

Grand Canyon Caverns

```
G R S T A L A C T I T E P B T
U P A R A M Y L O D O N O Z K
G N O S H W Q B V N Y U P K A
A Z D I G A A S Q G Q E Z K E
O Y T E S K X L O V A I T C Y
A P A Z R G H L T C M I L Y M
S Z G M U G O Q H E A A N S X
N S K X P E R S L P R G D F I
R M J B G A P O A K P P Q A M
E X L Q D R I L U D Y Q E I D
V X S H I Q A D B N F F W C S
A Z Q N D U V J Z G D I A U K
C B G O H L L Y S L I S S O F
C S S T A L A G M I T E O I H
R Q X L L Y G O L O E L E P S
```

Cool Springs Station

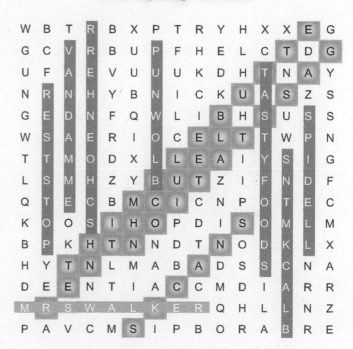

```
W B T R B X P T R Y H X X E G
G C V R B U P F H E L C T D G
U F A E V U U U K D H T N A Y
N R N H Y B N I C K U A S Z S
G E D N F Q W L I B H S U S S
W S A E R I O C E L T T W P N
T T M O D X L L E A I Y S I G
L S M H Z Y B U T Z I F N D F
Q T E C B M C I C N P O T E C
K O O S I H O P D I S O M L M
B P K H T N N D T N O D K L X
H Y T N L M A B A D S S C N A
D E E N T I A C C M D I A R R
M R S W A L K E R Q H L L N Z
P A V C M S I P B O R A B R E
```

Answer Key

Hackberry General Store

```
P D L O G F O S N I E V V D K
F C P A Y P H O N E U A R D Q
M I D R A H C T I R P T W Y N
T X S A P C F E S B J W M E O
Q Y R O M M T H T P P O Q N V
C S F Y L Y O L P S C P S O C
G L P I I S F T M X C U F M T
T Q F M O T R R H S T M L R W
C S I N U A U E A E Y P V E D
V I L S A P N W K N R S J P R
Y U L R A M S H A C K L E A G
V J M I J S Y A I A I L O P B
U W O O T C M C G Q R T I D B
G C R C N V Y Q X H E A S N E
Y K E A P M B I L L B O A R D
```

Arizona Route 66 Museum

```
I P O W E R H O U S E E X C G
A T N I A R T L E D O M V A I
O C X S E I R O M E M S V R T
C G R K K G D K H K E L Y L E
N N T E D R E V E T N O M O J
S A B N E X D J U X U E E S U
Y G T H O T Y O I G R V E E I
N E L E C T R I C C A R S L C
A H C H W E X X I J G G L M E
M T U I D N V G Y L U L C E F
G W G A B C I S F E B R S R C
N J R B H E N I V E D Y D N A
I T S Z E Q X X O S A P I J Y
K E C A F R U S T U A X M C J
X H P W I J P G I F V V R E W
```

Oatman Jail and Museum

```
S R D X R E Z I M J W V Q F B
R D E I R G O L D M I N E L E
O Z S E S O R R U B S T O R X
W G E P S H O D W V O G C Y H
C X T P C L U V Q H S G R I I
H K M X S R U K S S Q E F B B
K Y N L L T N N O O D N R O I
F J A I L N U T F I W P R D T
I X N U A G T O R B O P X O M
T B H M S I Y T T Z Z G W N U
W L T J U Y S I J O W I F K T
Y A G C K O R A U C O U S E I
O H S X H Y N B F R B H O Y A
R I N G P I A F F Q O B S S S
B M P O C I A X N V A H P A T
```

California

Answer Key

El Garces Hotel

```
L V D S A N T A F E R R V Q H
S U R E S T O R E D R K M H A
E W E H X V K Y W P G T E H R
N G E L P M E T K E E R G M V
B Y G R E F Q D M Q G A C D E
S R A A U W R I Y F R Q J Z Y
Q A U S N T E A N R X V P H G
J N Q A Q D C J N E Y I A T I
I O N B E C D E N C E C K K R
B I P P V K E A T W I D N L L
Z S I L F A A U R I O S L J S
T S E D A C A F R T H R C E O
S I E C N A G E L E B C C O S
B M N E Y Z Y Q B X T I R X J
W Z M V J H V V X T T Y S A S
```

Summit Inn Sign

```
K R A Q S S A P N O J A C P Q
Z W W M Z Z X S A I K V T W T H
I J Q F E D J E L P R R S N I
O M I C K E Y S U E B E P U L
S T E V E N S B G Q Y A D N D
P I T B U P U W A N C C U D A
E R I F T U C E U L B H A T F
K A H P T C B O R E D E R Y I
A Y T C G N D A O F G H R E X L
E E I N S U R A N C E O D K H
F E R F V Y Z Y Q X V U N P
Z L T C S D J W H A P S E Z F
F V S E H O B W U Q P Q O R U
D I O P S L L I H K A O N S J
K S G N I K N I L B M S R D W
```

Scenic Overlook

Just for Fun!

Roy's Motel & Cafe

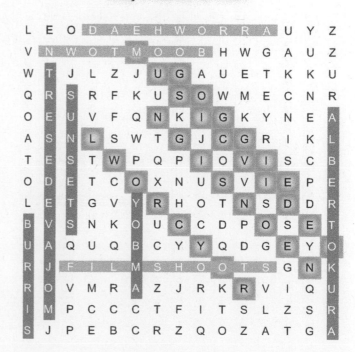

```
L E O D A E H W O R R A U Y Z
V N W O T M O O B H W G A U Z
W T J L Z J U G A U E T K K U
Q R S R F K U S O W M E C N R
O E U V F Q N K I G K Y N E A
A S N L S W T G J C G R I K L
T E S T W P Q P I O V I S C B
O D E T C O X N U S V I E P E
L E T G V Y R H O T N S D D R
B V S N K O U C C D P O S E T
U A Q U Q B C Y Y Q D G E Y O
R J F I L M S H O O T S G N K
R O V M R A Z J R K R V I Q U
I M P C C C T F I T S L Z S R
S J P E B C R Z Q O Z A T G A
```

189

Answer Key

Amboy Crater

```
Y I I I T D Q S K Y L J W P B
D D A E H L I A R T X X L Z E
O V D B P A H O E H O E H S F
R Q S B V S P M B X I F Y Y D
M T Y R B L Q B S S K M W J C
A Q A V U A W E T C M B Z I E
N D M M P I Y O X E J A N S Y
T E Y A T N C J T P P D T L B
Q N V G R E Y R B A E B R A Y
X O O L N S I U U R O R S Q L
L D L E G C R B C E F A L X V
W N C H A Z W O M I L L U U A
H A A L H Y N F V T L A V A J
F B N I E E G X I E R H P E T
B A O S A H W C L J R U F R B
```

Bagdad Cafe

```
N T V P O T S T I P B Z S U E
C U H O S P I T A L I T Y K Z
V R M K N I D Y H D N J N C M
F R M P Q E E Q O M C F O J N
I I A M E V W O U X K U V V O
N A S D B S I B I G G E C L L
D O T H Q Z N B E C R M L P D
I Z Z N B Q D L R R K T X A A
E F S J D U E L A N R A Y F Y
F O S D I M R E Y N V Y S J C
I C Q X V G Z G S K R L H G R
L V A G E B G H E T O M O F E
M Z F U B K N H M R S O P O P
Q I R H A B X K T K W U K U D
E V Z S R S O D K O M M M I R
```

Zzyzx Road & Mineral Springs

```
Q G T F W N H R G L J P Y D I
N Y R S T T U E N D A E J Q C
N A O T Z F R G J T Q A S F H
X D S W E L L N E S S L V I E
S E E W Z D M I E V A J O M M
T S R L Y F I R S D O B Z H E
R E S G N I R P S A D O S B H
G R Z K F S A S A Q Y K R X U
N T K W K C C S C B A K E R E
I S S A Q F L I U F H V T M V
D T M B Y A E T B T Y W S A I
R U V A I S C R Z Q Q V K W C
I D E Q H B U U X T Y F C L J
B Y P Q P R R C E S S Z U E T
M Q W R H A E X M O P C H Q C
```

Calico Sign

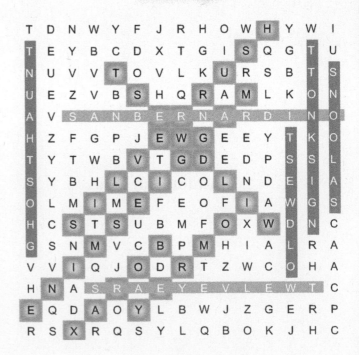

```
T D N W Y F J R H O W H Y W I
T E Y B C D X T G I S Q G T U
N U V V T O V L K U R S B T S
U E Z V B S H Q R A M L K O N
A V S A N B E R N A R D I N O
H Z F G P J E W G E E Y T K O
T Y T W B V T G D E D P S S L
S Y B H L C I C O L N D E I A
O L M I M E F E O F I A W G S
H C S T S U B M F O X W D N C
G S N M V C B P M H I A L R A
V V I Q J O D R T Z W C O H A
H N A S R A E Y E V L E W T C
E Q D A O Y L B W J Z G E R P
R S X R Q S Y L Q B O K J H C
```

Answer Key

Ghosts of Route 66

1. J
2. F
3. G
4. B
5. K
6. I
7. E
8. A
9. C
10. D
11. H

Route 66 Mother Road Museum

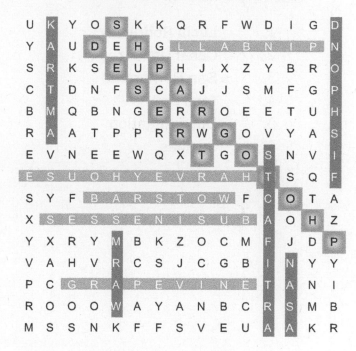

Elmer's Bottle Tree Ranch

California Route 66 Museum

Answer Key

Mitla Cafe

1. Lucia Rodriguez
2. Cesar Chavez
3. San Bernardino
4. Taco Bell
5. Desegregation
6. Tortillas

Santa Monica Pier